Die 12 Aspekte eines einheitlichen spirituell-physikalischen Weltbildes

Entwürfe für die Zukunft – Band 36

Kontakt: www.HarryEilenstein.de
Harry.Eilenstein@web.de
Harry Eilenstein bei youtube

Verlag: BoD · Books on Demand GmbH, Überseering 33, 22297 Hamburg, bod@bod.de
Druck: Libri Plureos GmbH, Friedensallee 273, 22763 Hamburg

ISBN: 978-3-8192-2808-7

Inhaltsübersicht

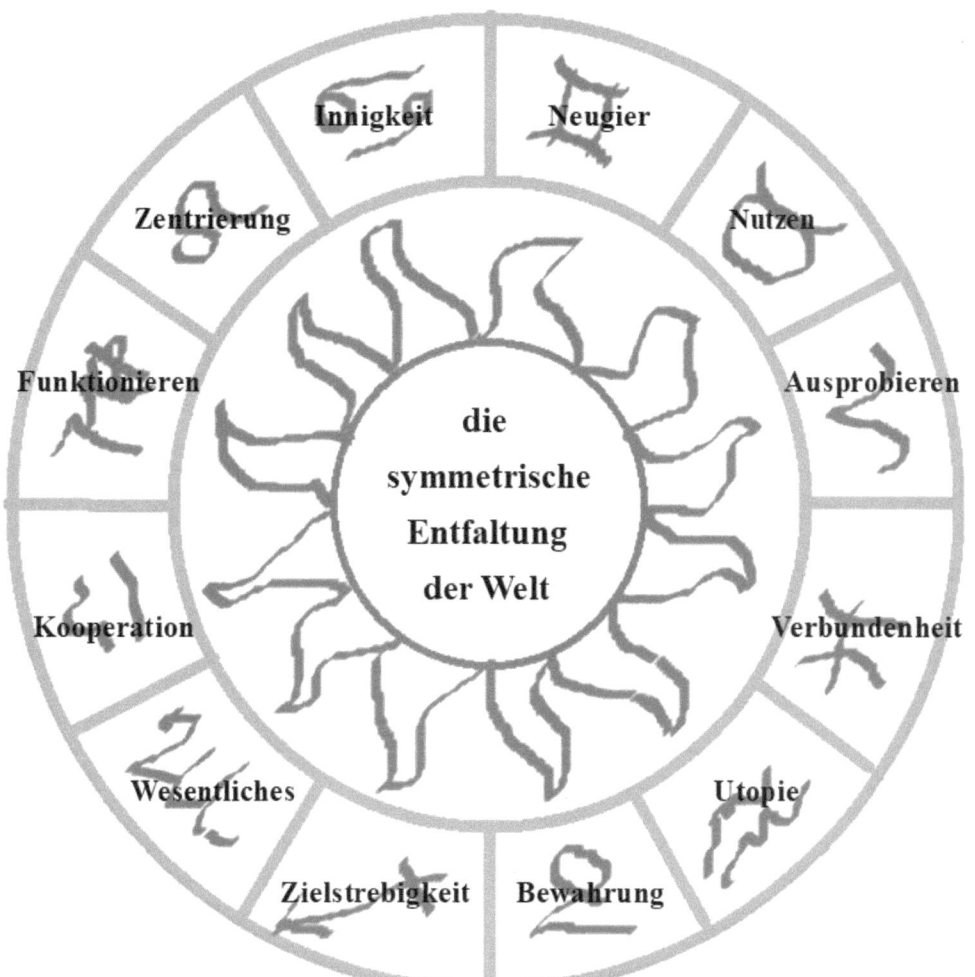

Warum 12?

Alle Bücher dieser Reihe haben genau 12 Kapitel – was sich ja auch in den Titeln dieser Bücher widerspiegelt. Warum?

In diesen Büchern wird der Tierkreis als Matrix von 12 verschiedenen Sichtweisen auf die Welt verwendet, um das Thema des Buches möglichst umfassend in 12 Kapiteln zu betrachten. Dadurch wird eine ausgewogenere, umfassendere und tiefere Einsicht in das jeweilige Thema erlangt als es ohne ein solches Raster, ohne eine solche Matrix möglich wäre.

Der Tierkreis wird in dieser Buch-Reihe als Forschungs-Hilfsmittel benutzt, durch das die Einseitigkeiten in der Betrachtung zumindest vermindert werden können. Weiterhin werden durch dieses Vorgehen diese 12 Sichtweisen auch als Ergänzungen zueinander, als organische Teile eines Ganzen deutlich.

Die Inspiration zu diesem Vorgehen stammt aus Hermann Hesses Roman „Das Glasperlenspiel", für das er 1946 den Literatur-Nobelpreis erhielt. In diesem Roman beschreibt er die öffentlichen Darstellungen von Übersichten und Gesamtbetrachtungen, die mithilfe von verschiedenen allgemeinen Strukturen wie z.B. dem Ba Gua aus dem chinesischen Feng-Shui angefertigt und aufgeführt werden.

Diese Buch-Reihe ist ein Versuch, Hesse's Idee im ganz Kleinen konkret zu verwirklichen.

Die Blickwinkel der 12 Tierkreiszeichen sind:

♈	Widder:	Spontaner
♉	Stier:	Genießer
♊	Zwilling:	Neugieriger
♋	Krebs:	Familienmensch
♌	Löwe:	Egozentriker
♍	Jungfrau:	Handwerker
♎	Waage:	Schöngeist
♏	Skorpion:	Tiefgründiger
♐	Schütze:	Idealist
♑	Steinbock:	Realist
♒	Wassermann:	Theoretiker
♓	Fische:	Träumer

1. Ausprobieren

♈

Der Widder ist der, der beginnt, der erschafft, der anfängt, der gründet, der tut. Was macht der Widder bei der Frage nach der Spiritualität? Er prüft zunächst, ob da eigentlich etwas ist, worüber man reden kann. Er macht Experimente und schaut, was geschieht. Wenn er etwas findet, was solide und verlässlich ist, nimmt er es in sein Weltbild und in seinen Alltag auf. Er glaubt nicht, er prüft – und das, was seiner Prüfung standhält, nutzt er. Er ist der Pragmatiker – und deshalb nah an der Realität.

Recht einfach durch eigene Versuche nachweisbar sind zum Beispiel Telepathie, Telekinese und Orakel. Man kann auch Familienaufstellungen (kollektive Telepathie), Feuerläufe oder die Deutung des Geburtshoroskops als Einstieg empfehlen.

Derartige Fähigkeiten werden vor allem von Menschen erforscht und genutzt, die schon von Beruf wegen Pragmatiker sind wie Manager, Magier, Militärs und Heiler.

Dieser Nachweis von nicht-physikalischen Zusammenhängen und der Möglichkeit, sie für den eigenen Alltag zu nutzen, ist die Grundlage dafür, sich überhaupt mit Themen wie Religion, Spiritualität, Meditation, Astrologie, Magie, Homöopathie und dergleichen mehr zu beschäftigen. Es muss vollkommen klar sein, dass es da etwas gibt, das wirklich existiert und mit dem es sich zu befassen lohnt.

Ohne einen solchen Nachweis wäre die Auseinandersetzung mit diesen Themen müßig, da sie dann kein tragfähiges Fundament hätte. Wenn man noch keine Erlebnisse gehabt hat, die über den Rahmen des üblichen, rein materialistischen Weltbildes hinausgehen, und wenn man auch keine derartigen Versuche durchführen möchte, dann ist die Beschäftigung mit Schriften wie dem vorliegenden Büchlein letztlich Zeitverschwendung – dann sollte man lieber dieses Buch hier zur Seite legen und einen Spaziergang machen oder ein Eis essen gehen ...

*

Was sagen berühmte Widder, die sich mit spirituellen Dingen befasst haben? Sie kommen direkt und ohne Umschweife auf den Punkt.

(Im Folgenden bedeuten Angaben wie „Widder/Krebs", dass der Betreffende seine Sonne im Widder und seinen Aszendent im Krebs hat.)

> *„Gott will, dass der Mensch seinen Spaß hat."*
>> Sankt Theresa von Avila, Heilige (Widder/Fische)

> *„Kern des Lebensglücks ist das sexuelle Glück."*
>> Wilhelm Reich, Psychologe (Widder/Wassermann)

> *„Die Vernunft ist gut, aber besser ist die Liebe."*
>> Sankt Theresa von Avila, Heilige (Widder/Fische)

> *„Je ruhiger Du wirst, desto mehr kannst Du hören."*
>> Ram Dass, Psychologie-Professor (Widder/Krebs)

> *„Das grundsätzliche Ausweichen vor dem Wesentlichen ist das Problem des Menschen."*
>> Wilhelm Reich, Psychologe (Widder/Wassermann)

> *„Das größte Paradoxon: Sobald Du alles loslässt, kannst Du alles haben."*
>> Ram Dass, Psychologie-Professor (Widder/Krebs)

> *„Similia Similibus – Gleiches heilt Gleiches."*
>> Samuel Hahnemann, Begründer der Homöopathie (Widder/ Schütze)

*

Der Widder ist ein Taoist – er lebt ganz im Hier und Jetzt. Er entspannt sich ganz in das hinein, was gerade ist, und handelt dann dort seinen augenblicklichen Impulsen entsprechend. Diese Bereitschaft, ohne vorgefasste Meinung einfach mal genau hinzusehen, ermöglicht es ihm, die Welt klarer zu sehen. Diese Haltung ermöglicht es ihm auch, die nicht-materiellen Dinge der Welt deutlicher zu sehen – also das, was von den Religionen, den spirituellen Lehren, der Astrologie, der Magie, den vielen alternativen Heilweisen und ähnlichem mehr beschrieben wird.

Das ist die Haltung eines Kindes, das die Welt entdeckt. Das ist auch die Grundhaltung eines Forschers: anschauen, was da ist – und sich danach das nächste anschauen.

Das ist die Tat, die vollständig und hemmungslos durchgeführt und erlebt wird. Damit beginnt alles.

Dieses Entdecken und Erleben muss jedoch jeder selber tun – das kann man nicht in einem Buch lesen und nur durch Lesen erkennen …

*

Einige einfache Anregungen dazu, was man einmal ausprobieren könnte, um diese nicht-materielle Seite der Welt zu entdecken finden sich in: Harry Eilenstein – „Telepathie für Anfänger" und „Telekinese für Anfänger".

* * *

Experimente – Teil 1

PSI-Wheel

Bei youtube kann man sich unter dem Suchbegriff „PSI-Wheel" einen Versuch ansehen, bei dem ein Papierrädchen, das auf einer Nadelspitze liegt, nur durch die Vorstellung gedreht wird. Man sollte dieses Experiment aber nicht nur anschauen, sondern auch selber durchführen, um zu sehen, dass es wirklich funktioniert.

Schließlich sollte man mit seinen Füßen immer fest auf dem Boden der Tatsachen bleiben – und eigene Erlebnisse sind die solidesten Tatsachen.

Postkarten-Versuch

Für diesen Versuch, mit dem man die Telepathie nachweisen kann, braucht man fünf Personen – am besten eine ganze Schulklasse o.ä. Einer legt je ein Foto, eine Postkarte oder ein anderes Bild in je einen Briefumschlag und verschließt sie.

Dann erhält jede Vierergruppe einen Umschlag und legt ihn auf den Tisch zwischen sich. Nun blicken die vier Personen ca. 3 Minuten lang auf den verschlossen, undurchsichtigen Umschlag und schauen, welche Eindrücke sie von dem Bild, das in diesem Umschlag verborgen ist, erhalten können. Diese Eindrücke schreiben sie auf.

Anschließend vergleichen sie die Eindrücke, die sie gehabt haben, und bilden aus den Eindrücken, die bei drei oder vier von ihnen übereinstimmen, eine Bildbeschreibung, die dann durch die Dinge, die nur bei zweien gleich waren, ergänzt werden. Auf diese Weise können die telepathischen Wahrnehmungen (die bei mehreren gleich sind) weitestgehend von den reinen Assoziationen (die bei jedem anders sind) unterschieden werden.

Dieser Versuch ist natürlich am überzeugendsten, wenn ihn eine ganze Schulklasse o.ä. durchführt und man die verschiedenen Beschreibungen hören und anschließend die dazugehörenden Bilder, die nach der Beschreibung dem Umschlag entnommen werden, in einer ganze Reihe von Gruppen vergleichen kann. Das habe ich einmal in der Klasse meiner Tochter Susanna in einem Schamanismus-Vortrag gemacht – das ist gut angekommen ...

2. Nutzen

♉

Der Stier will genießen. Er nutzt das, was da ist, fördert das Angenehme und vermeidet das Unangenehme. Das, was der Widder entdeckt hat, wird nun von dem Stier angewandt.

Wenn es deutlich geworden ist, dass man mithilfe von Orakeln wie den Tarot-Karten hilfreiche Anregungen erhalten kann, wird man sie benutzen, wenn man mal nicht so recht weiterweiß. Wenn man erkannt hat, dass man mithilfe von Telepathie verlorene Gegenstände wiederfinden kann, wird man die Telepathie benutzen, wenn man seinen Autoschlüssel nicht wiederfinden kann. Wenn man erlebt hat, dass das Horoskop eines anderen Menschen einem dabei hilft, diesen Menschen zu verstehen, wird man die Astrologie zu Hilfe nehmen, wenn man mit jemanden größere Schwierigkeiten hat. Man nutzt, was nützlich ist.

Diese Haltung ist sehr schlicht. Wenn man bisher Nägel stets mit seinem Daumen in die Wand gedrückt hat und dann von einem Freund gezeigt bekommen hat, was man mit einem Hammer machen kann, wird man, wenn man das nächste Mal ein Bild aufhängen will, gleich nicht nur den Nagel, sondern auch den Hammer holen gehen. Spirituelle, magische, astrologische und ähnliche Dinge werden schlichtweg deshalb verwendet, weil sie hilfreich sind, weil sie das Leben einfacher machen.

Die Verwendung solcher Dinge ist zunächst einmal keine Weltanschauungsfrage, sondern nur ein Frage der Effektivität. Warum sollte man sein Leben nicht einfacher machen, wenn man doch die Möglichkeit dazu hat?

Die Frage nach dem Weltbild kommt erst sehr viel später an die Reihe – dann, wenn man jemand anderem etwas erklären will oder wenn man nach noch effektiveren Vorgehensweisen zu suchen beginnt. Dann wird ein Weltmodell hilfreich – doch zunächst einmal nutzt man einfach das, was nützlich ist.

Religion, Spiritualität, Magie, Astrologie und all die anderen Dinge sind zunächst einmal einfach nur Erleichterungen des Alltags. Und es gibt eine sehr große Vielfalt von solchen Alltags-Erleichterungen …

Diese Dinge sind nichts, was man irgendjemandem predigen muss, wovon man andere überzeugen muss – sie sind Dinge, die man einem Freund erzählt, die man einem Ratsuchenden erklärt … Sie sind einfach ein neues Werkzeug in dem eigenen Werkzeugkasten, ein neues Gewürz in dem eigenen Küchenregal, eine neuer Weg in der eigenen Nachbarschaft …

*

Was sagen berühmte Stiere, die sich mit spirituellen Dingen befasst haben?
Sie betonen das Gedeihen und das Genießen.

„Der Mensch ist eben ein unermüdlicher Lustsucher.“
Sigmund Freud, Psychologe (Widder/Skorpion)

„Wenn ihr ein Problem anpackt, wird es euch den Weg zeigen, es zu lösen.“
Rabindranath Tagore, indischer Dichter (Stier/Widder)

„Die Hauptaufgabe des Lehrers ist nicht, Bedeutungen zu erklären, sondern an die Tür des Geistes zu klopfen.“
Rabindranath Tagore, indischer Dichter (Stier/Widder)

„Die Natur ist die beste Apotheke.“
Sebastian Kneipp, Priester und Heiler (Stier/Steinbock)

„Die Frage heute ist, wie man die Menschheit überreden kann, in ihr eigenes Überleben einzuwilligen.“
Bertrand Russel, Philosoph (Stier/Skorpion)

„Wenn Du anfängst zu verstehen, was Du bist, ohne zu versuchen, es zu ändern, dann wird sich das, was Du bist, verwandeln.“
Jiddhu Krishnamurti, Philosoph und Theosoph (Stier/Wassermann)

„Die Zukunft hängt an der Liebe.“
Johannes Paul II, Papst (Stier/Jungfrau)

Der Stier ist ein Hedonist – er erkennt das, was wahr ist, daran, dass er es von Herzen genießen kann. Er integriert alles, was für ihn angenehm ist, in sein Leben, in sein Haus, in seinen Garten und gibt ihm dort einen Platz und holt es hervor, wenn er es gerade brauchen kann.

Die Erkenntnis, dass spirituelle, magische und religiöse Dinge ausgesprochen alltagstauglich und alltagserleichternd sein können, ist letztlich der einzige wirklich tragfähige Grund, sich mit ihnen zu beschäftigen.

Einige Anregungen zur Förderung des Gedeihens und des Genießens – und nebenher auch der Förderung der Ökologie und der Entwicklung eines neuen Wirtschaftssystems – finden sich in: Harry Eilenstein – „Von innerer Fülle zu äußerem Gedeihen".

Experimente – Teil 2

Sterntaler

Das Folgende ist ein Experiment zum Erleben der Mühelosigkeit: Bevor man eine Aufgabe angeht, stellt man sich vor, die eigenen Arme vor sich auszustrecken und die Hände aufzuhalten – so wie das kleine Mädchen in dem Märchen „Sterntaler".

Dann bittet man, dass all das kommt, was man jetzt brauchen wird und dass das Ganze einfach und mühelos laufen wird. Das Gefühl bei dieser Bitte ist Entspannung, Vertrauen, Loslassen und manchmal sogar eine gewisse Vorfreude. Diese Methode ist schlicht, aber wirksam.

3. Neugier

♊

Der Zwilling ist der, der sich die Vielfalt der Dinge anschaut, der sich darüber freut, wie bunt die Welt ist – er ist die Neugier persönlich. Das macht den Zwilling im Allgemeinen sehr flexibel und tolerant. Er schaut sich alles an und lässt es auch erst einmal so stehen. Das macht es ihm leicht, auch unerwartete Dinge und Möglichkeiten anzunehmen, wenn er sie als real erlebt. Er hat sogar Freude daran, sein eigenes Weltbild zu erweitern.

Der Zwilling schaut sich zum Beispiel die vielen verschiedenen Religionen wie das Judentum, das Christentum, den Islam, den Hindhuismus, den Buddhismus usw. an, ebenso die Klein-Religionen, die manchmal auch „Sekten" genannt werden, wie den Krishna-Kult, die Jesus-People, die Rastafari und ähnliche, weiterhin auch die verschiedenen Unterströmungen wie die Katholiken, die Sunniten, die Shivaiten und so fort, auch die Naturreligionen wie zum Beispiel die der Indianer, der Wiccas und der Aborigines, und schließlich auch noch die alten Religionen wie die der Ägypter, der Griechen oder der Hawaiianer. Für einen Zwilling kann das alles zwanglos nebeneinander stehen.

Diese Vielfalt ist für ihn eine Bereicherung, da diese vielen Religionen für ihn verschiedene Facetten der Welt darstellen, verschiedene Blickwinkel auf die Wirklichkeit, verschiedene Betonungen der Aspekte der Realität … Jeder kann sich die Sichtweise aussuchen, die für ihn passt und die ihm das Leben einfacher macht. Er erlebt die individuellen Unterschiede in der Sichtweise als Bereicherung und nicht als Hindernis.

Das führt auch dazu, dass er in der Lage ist, Dinge recht klar zu sehen. Er wird in der Regel zum Beispiel nicht den Fehler machen, die Reinkarnation als falsch abzulehnen, weil man sie von dem Gleichnis zwischen Mensch und Getreide ableiten kann: Aussaat = Zeugung; Keimen = Geburt; Wachsen = Leben; Ernte = Tod; Neuaussaat und Keimen = Wiedergeburt. Als Zwilling kann man die Dinge selber (Reinkarnation) und ihre Beschreibung (Mensch/Korn-Gleichnis) unterscheiden und wird immer die Sache selber prüfen wollen und nicht die Beschreibung dieser Sache.

Die Zwillinge bringen die Toleranz in die Betrachtung der Welt und in die Diskussion zwischen verschiedenen Weltanschauungen.

*

Was sagen berühmte Zwillinge, die sich mit spirituellen Dingen befasst haben? Sie betonen die eigene Beweglichkeit und die Vielfalt der Möglichkeiten.

> *„Der menschliche Geist lebt durch Kreativität und er stirbt in Einförmigkeit und Routine."*
>
> Pir Vilayat Khan, indischer Sufi-Meister (Zwillinge/Löwe)

> *„Unkraut nennt man die Pflanzen, deren Vorzüge noch nicht erkannt worden sind."*
>
> Ralph Waldo Emerson, Philosoph und Schriftsteller (Zwillinge/Waage)

> *„Auch wenn Du sie vielleicht nicht ändern kannst, kannst Du trotzdem mit einer hässlichen Situation in Schönheit umgehen."*
>
> Pir Vilayat Khan, indischer Sufi-Meister (Zwillinge/Löwe)

> *„Auch wer um die ganze Welt reist, um das Schöne zu suchen, findet es nur, wenn er es in sich trägt."*
>
> Ralph Waldo Emerson, Philosoph und Schriftsteller (Zwillinge/Waage)

> *„Jede Disharmonie ist eine unverstandene Harmonie."*
>
> Swami Narayananda, Vedanta-Philosoph (Zwillinge/Schütze)

> *„Hinter jeder Maske ist immer ein lebendiges Gesicht."*
>
> William Butler Yeats, Autor und irischer Senator (Zwillinge/Wassermann)

> *„Es gibt nichts, was ein so großer Irrtum ist wie die Ansicht mancher Wissenschaftler, dass die Religion ein krankhafter Zustand der Psyche ist."*
>
> Gopi Krishna, Yogi und Mystiker (Zwillinge/Wassermann)

*

Der Zwilling ist ein Spieler und Tänzer – er schaut sich die ganze Welt an. Dadurch wird er fast immer auch Dinge entdecken, die nicht durch das kausal orientierte wissenschaftliche Weltbild beschrieben werden – also durch Mengen und Maße – sondern die als Gleichnisse, Parallelen und Analogien sichtbar werden – also durch Qualitäten und Verhältnisse.

So ist ein Horoskop ein Gleichnis zwischen dem Planetenstand zum Zeitpunkt der Geburt eines Menschen und dem Charakter dieses Menschen.

So ruft ein in die Welt durch Imagination oder durch einen Talisman ausgesandter Wunsch in der Welt ein dem Wunsch entsprechendes Echo hervor.

So antwortet das Tarot-Orakel auf eine Frage stets mit Qualitäten und nicht mit Mengen oder mit „Ja" oder „Nein".

Der Zwilling ist in der Lage, auch einmal aus einer anderen Richtung her auf die Dinge in seinem Leben zu schauen …

*

Eine Beschreibung für einige Möglichkeiten, neue Aspekte des eigenen Bewusstseins zu entdecken und dadurch auch das eigene Weltbild und die eigenen Möglichkeiten zu erweitern, findet sich in: Harry Eilenstein – „Meditation für Anfänger".

* * *

Experimente – Teil 3

Stuhl-Versuch

Für diesen Versuch benötigt man fünf Personen. Einer setzt sich auf einen Stuhl, die anderen vier stehen um ihn herum. Die vier Personen halten ihre Hände waagerecht mit den Handinnenflächen nach unten nebeneinander, ballen die Finger zu zwei Fäusten und strecken dann nur die beiden Zeigefinger nach vorne, die dabei einander auf ihrer ganzen Länge berühren. Dann stecken die vier stehenden Personen ihre Zeigefinger unter die beiden Achseln und unter die beiden Kniekehlen des Sitzenden und versuchen ihn hochzuheben – was mit sehr großer Wahrscheinlichkeit nicht gelingen wird.

Als nächstes legen die vier Stehenden ihre Hände übereinander auf den Kopf des Sitzenden und singen ca. eine Minute lang zusammen einen Ton – einfach ein „a" auf einer beliebigen Tonhöhe. Danach wird das Heben des Sitzenden mithilfe der Zeige-finger wiederholt – was nun mühelos gelingt, da der Sitzende kein Gewicht mehr zu haben scheint.

4. Innigkeit

♋

Der Krebs ist der, der die Dinge verinnerlicht, der seine eigenen Erlebnisse durchfühlt, der alle Bilder in sich selber mit allen anderen Bildern in ihm verbindet und dadurch ein Gefühl für sich selber und für die Welt bekommt.

Der Weg des Lebens beginnt damit, dass der Widder etwas tut und es dadurch erlebt. Dann kommt der Stier und schaut, wozu es nützlich ist. Danach spielt der Zwilling damit und schaut, was man noch alles damit machen kann. Dadurch ist nun der Krebs in der Lage, sich anzuschauen, was all die Dinge, die da schon gefunden und erlebt worden sind, für ihn selber und für sein Leben und sein Erleben bedeuten. Der Krebs verbindet sich mit manchen Menschen und Dingen, während er andere Menschen und Dinge ablehnt. So erschafft er seinen eigenen Kreis, der von dem erfüllt ist, was ihm verwandt ist.

Was bedeutet das nun für die Betrachtung des kausal-materiellen Weltbildes und der eventuellen Ergänzungen zu diesem Weltbild?

Die ersten drei Schritte – Widder, Stier und Krebs – waren das Erforschen, Nutzen und Untersuchen der Welt. Nun kann der Krebs schauen, was von diesen neu entdeckten Dingen zu ihm passt, welcher Stil ihm zusagt, was sich verwandt und vertraut anfühlt, und was er gerne in seinem inneren Kreis haben möchte. Durch dieses Anbinden von einigen der neu entdeckten Dinge an sich selber – zum Beispiel die Astrologie oder das Aussenden von Wünschen in die Welt – werden diese Dinge zu einem Teil des Krebses, zu einem Teil seines Lebens, zu einem Teil seiner Umgebung.

Diese Dinge fangen daher an, ihm Rückhalt und Schutz zu geben und seine Wahrnehmungs- und Handlungsmöglichkeiten zu erweitern.

Wenn diese Dinge nicht nur bei einem Einzelnen, sondern in einer ganzen Gruppe in den Alltag integriert werden, entsteht eine Kultur, ein Kult, eine „Sekte" oder eine Religion. Damit sind nicht kollektive Vorschriften und Regeln gemeint, sondern Religion im wörtlichen Sinne: re-ligio = Rückverbindung, Rückhalt, Eingebundensein, Dazugehörigkeit, Geschütztsein. Die größte Form dieser Geborgenheit in dem Vertrauten, Verwandten und Zuverlässigkeit ist das Vertrauen in eine Gottheit oder in Gott.

Damit ist hier kein irrationales Glauben, sondern ein begründetes und zuverlässiges Vertrauen gemeint, dass auf Erfahrungen beruht. Diese Erfahrungen haben mit den

Experimenten des Widders begonnen, der zunächst einmal ganz schlicht zum Beispiel die Realität von Telepathie, Telekinese und Astrologie nachgewiesen hat. Das bleibt bei all diesen Betrachtungen immer die Grundlage. In dem vierten Schritt – also durch den Krebs – werden diese Erfahrungen in das eigene Leben und in die eigene Psyche integriert.

*

Was sagen berühmte Krebse, die sich mit spirituellen Dingen befasst haben?

Sie betonen die Innenschau, die Verbundenheit und die Vertrautheit.

> *„Nicht der Mensch hat am meisten gelebt, welcher die meisten Jahre zählt, sondern der, der sein Leben am innigsten empfunden hat."*
>
> Jean Jacques Rosseau, Schriftsteller und Philosoph (Krebs/Zwillinge)

> *„Meditation bedeutet, tief in uns hinabzutauchen."*
>
> Hazrat Inayat Khan, Gründer eines Sufi-Ordens (Krebs/Widder)

> *„Wenn wir die Welt durch die Augen eines Kindes sehen würden, wäre alles magisch und außergewöhnlich."*
>
> Akiane Kramarik, visionäre Malerin (Krebs/Zwillinge)

> *„Es gibt nichts auf der Welt, was für kontemplative Menschen nicht erreichbar wäre, wenn sie die Kontemplation verstanden haben."*
>
> Hazrat Inayat Khan, Gründer eines Sufi-Ordens (Krebs/Widder)

> *„Alle Natur, alles Wachstum, aller Friede, alles Gedeihen und Schöne in der Welt beruht auf Geduld, braucht Zeit, braucht Stille, braucht Vertrauen."*
>
> Hermann Hesse, Schriftsteller (Krebs/Schütze)

„Bleibe bei der Religion, die Du als Kind kennengelernt hast – wechsle sie nur dann, wenn Dir sehr deutlich wird, dass eine andere Religion wesentlich besser passt."

Dalai Lama, Oberhaupt der tibetischen Buddhisten (Krebs/ Waage)

„Sich ernsthaft um andere zu sorgen, sowohl im privaten wie im öffentlichen Leben, würde uns der Welt, nach der wir uns so sehnen, sehr viel näher bringen."

Nelson Mandela, Präsident und Freiheitskämpfer (Krebs/ Schütze)

*

Der Krebs ist wie eine Mutter für sich selber – er behütet und schützt und wärmt sich selber und gibt sich selber Geborgenheit.

Das heißt keineswegs, dass er isoliert ist, sondern nur, dass er diese Dinge in sich trägt – der Krebs ist der emotionale Familienmensch. Er sucht die Gemeinschaft und erhält sie und fördert sie. Das wichtigste Bild für den Krebs ist daher die Muttergöttin.

Die Haltung des Krebses verändert die Betrachtung und die Einstellung zu den spirituellen, magischen, religiösen, „alternativen" Dingen, die man entdeckt hat: In den ersten drei Schritten – Widder, Stier und Zwilling – waren diese Dinge außen, doch nun werden sie zu einem Teil des Innen. Sie werden zu etwas Selbstverständlichem, zu etwas Vertrautem, zu etwas, worüber man nicht mehr nachdenkt, sondern was einfach da ist und was ein Teil des eigenen Lebens ist.

Jemand, der 50-mal für andere mithilfe von Telepathie verlorene Gegenstände wiedergefunden hat oder der schon 200-mal für andere Horoskope gedeutet hat, wird nicht mehr oft über Telepathie oder über Astrologie nachdenken, sondern sie einfach anwenden, wenn es hilfreich ist. Diesen Zustand des Integriertseins und des Zusammenwachsens erreicht man nur durch häufige Anwendung im eigenen Alltag – nur so kann man mit einer Sache vertraut werden. Das ist das, was der Krebs erreicht.

*

Für das Erlangen dieser Vertrautheit mit der Telepathie, der Astrologie, dem Feng Shui oder welcher Sache auch immer hilft es nicht, noch ein Buch zu lesen – man muss die Dinge selber tun – sehr oft tun – bis man weiß, wie sie wirken, was man mit ihnen tun kann, wie man ihre Wirkung abändern kann, bis sie selbstverständlich werden. Auf diese Weise lernt auch ein Kind laufen …

* * *

Experimente – Teil 4

Smilie-Versuch

Für den „Smilie-Versuch" braucht man ein Blatt Papier, auf das der links abgebildete „Smilie" gezeichnet wird. Dieses Blatt mit der Zeichnung wird so an den Rand eines Tisches gelegt, das ein Mensch, der vor dem Tisch steht, dieses Bild (wie links abgebildet) sieht.

Nun stellt sich Person A vor den Tisch und breitet seine Arme nach links und rechts wie ein „T", d.h. wie ein Kreuz aus. A soll bei den folgenden Versuchen seine Arme möglichst in dieser Haltung halten und sie von B nicht nach unten drücken lassen.

Person B stellt sich hinter A und legt ihre rechte Hand auf den rechten Ellenbogen von A und ihre linke Hand auf den linken Ellenbogen von A. A blickt auf den Smilie und B drückt auf die Ellenbogen von A. Nichts passiert – B kann sich auf die Ellenbogen von A aufstützen und seine Füße in der Luft baumeln lassen.

Nun wird das Smilie umgedreht (siehe die Abbildung links) und der Versuch wird in derselben Weise wiederholt – und die Arme von A klappen kraftlos nach unten. A ist nicht in der Lage, seine Arme zur Seite hin ausgestreckt zu halten.

Was ist hier passiert? Offensichtlich hat der Blick auf das Bild eine größere Wirkung auf A als der bewusste Entschluss von A, seine Arme oben zu halten. Das innere Bild bzw. das Bild, auf das man blickt und das man folglich in seinem Inneren präsent hat, bestimmt, wieviel Kraft man zu Verfügung hat.

5. Zentrierung

♌

Der Löwe strebt nach Selbsterkenntnis und nach Selbstausdruck – er beginnt fast jeden Satz mit dem Wort „ich". Sein höchster Wert ist die Individualität. Das ist zunächst einmal natürlich die eigene Individualität, doch mit ausreichendem Niveau des Löwen ist dies auch die Individualität aller anderen Menschen.

Bisher, also bei den ersten vier Schritten – Widder, Stier, Zwilling und Krebs – waren die neuen Erkenntnisse noch etwas, was eigenständig im eigenen Leben stand, also etwas anderes als das „Ich". Doch nun werden in dem fünften Schritt, also durch den Löwen, diese neu entdeckten Möglichkeiten und Fähigkeiten zu einem Teil des Selbstbildes und des Selbstverständnisses. Man macht nicht mehr nur Telepathie, sondern man ist selber telepathisch mit anderen verbunden; man kann nicht nur Horoskope berechnen, sondern man ist ein Astrologe; man kann nicht nur innerlich in der Meditation Kontakt zu einer Gottheit erlangen, sondern man ist ein Priester.

Das Wichtigste für den Löwen ist er selber. Folglich strebt er nach allem, wodurch er sich selber noch besser, tiefer, gründlicher, intensiver erleben kann – er will zu der Quelle des eigenen Lebens gelangen. Diese Quelle, die man durch Meditation, Traumreisen, Visionssuchen und ähnliches erkennen kann, ist die eigene Seele. Diese Form der intensiven und direkten Selbsterkenntnis ist in vielen spirituellen Systeme, Religionen, magischen Orden und dergleichen mehr eines der zentralen Ziele und Erlebnisse.

*

Was sagen berühmte Löwen, die sich mit spirituellen Dingen befasst haben?

Sie richten alles auf die Selbsterkenntnis und den ungehemmten Selbstausdruck aus.

> *„Deine erste Pflicht ist, Dich selbst glücklich zu machen. Bist Du glücklich, so machst Du auch andere glücklich."*
>
> Ludwig Feuerbach, Philosoph und Anthropologe (Löwe/Zwillinge)

„Deine Visionen werden nur klar werden, wenn Du in Dein eigenes Herz schaust."

Carl Gustav Jung, Psychologe (Löwe/Wassermann)

„So lange der Mensch nicht im Höchsten frei, bei sich, selbständig ist, so lange kann er auch in Kunst und Wissenschaft nicht das Höchste erreichen."

Ludwig Feuerbach, Philosoph und Anthropologe (Löwe/Zwillinge)

„Nur durch eine enge brüderliche Vereinigung der inneren Selbste der Menschen kann die Herrschaft der Gerechtigkeit und Gleichheit eröffnet werden."

Helena Blavatsky, Begründerin der Theosophie (Löwe/Krebs)

„Es spielt keine Rolle, wo jemand geboren wird, sondern zu was er heranwächst."

J. K. Rowling, Autorin (Löwe/Waage)

„Erlebnisse und Trance sind nützlich, wenn es darum geht, das (eigene) Wesen zu öffnen und vorzubereiten, aber die Verwirklichung ist erst dann im wahren Sinne unser Besitz, wenn sie im wachen Zustand dauerhaft geworden ist."

Sri Aurobindo, Yogi, Politiker und Philosoph (Löwe/Löwe)

„Der beste Weg, etwas für den Fortschritt der Menschheit zu tun, ist es schließlich, selber voranzuschreiten."

Sri Aurobindo, Yogi, Politiker und Philosoph (Löwe/Löwe)

*

Der Löwe ist wie eine Sonne – er will strahlen. Daher ist er zunächst einmal ein Egoist, weil er auf sich selber schaut. Sein wichtigstes Bild ist somit die eigene Mitte, die eigene Seele – und gleich danach das Bild des Sonnengottes. Dieser Egoismus ist letztlich eine Notwendigkeit – alles, was nicht in der Lage ist, sich selber zu erhalten, wird ganz schlicht nicht mehr weiterbestehen. Es kann also nur egoistische Wesen und Dinge geben – alle anderen sind raus aus dem Spiel … Bei dem Löwen wird der Egoismus lediglich offen, klar und selbstbewusst gezeigt und gelebt. Diese Fähigkeit des Löwen integriert alles in seinem eigenen Wesen zu einer Einheit – zu einer strahlenden Einheit.

Es ist nicht die Frage, ob etwas egoistisch ist oder nicht – schließlich ist der Egoismus lebensnotwendig und überlebensnotwendig – es ist die Frage, ob der Egoismus kurzsichtig oder weitsichtig ist. Ist er kurzsichtig, schafft er sich kurzfristigen Nutzen, aber mittel- und langfristig einen Schaden. Ist er jedoch weitsichtig, schafft er sich vielleicht kurzfristig etwas mehr Mühe, aber langfristig einen Nutzen – und vermutlich nicht nur für sich selber, sondern auch für andere. Ein intakter langfristiger Egoismus würde zum Beispiel niemals zulassen, dass sich das Klima auf der Erde auf so bedrohliche Weise wie derzeit erwärmt.

Der Löwe sieht nicht nur sich selber als eine von innen heraus strahlende Einheit, sondern auch alle anderen Menschen – und auch die Welt als Ganzes. Diese Einheit der Welt, die für den Löwen etwas vollkommen Selbstverständliches ist, erkennt er unter anderem – wenn er denn überhaupt einmal darüber nachdenkt und diskutiert – darin, dass sich überall dieselben chemischen Elemente und dieselben Naturgesetze finden. Die Welt muss also „aus einem Guss" entstanden sein.

Aus dieser Sicht ergibt sich ebenfalls, dass auch überall dieselben magischen, astrologischen und spirituellen Gesetze wirksam sein müssen. Da der Löwe jedoch aus seiner strahlenden Mitte heraus lebt und aus tiefstem Herzen heraus von sich selber überzeugt ist, sieht er zwar die Welt als eine Einheit an, aber für ihn besteht keinerlei Anreiz oder gar Notwendigkeit, das irgendjemandem zu beweisen oder gar ein Weltbild daraus zu formen … Schließlich weiß er ja, dass es so ist.

Was jedoch in diesem fünften Schritt im Tierkreis entsteht, ist das Bild eines zentrierten Bewusstseins in der ganzen Welt – analog zu dem Bewusstsein in dem Löwe-Menschen selber. Dieses Welt-Bewusstsein ist der Eine, Einzige, Allumfassende Gott des Monotheismus. Der Monotheismus ist die natürliche Religionsform der Löwen. Der Löwe sieht die Welt wie sich selber an: die eigene Seele im eigenen Leib – Gott als das zentrale Bewusstsein in der Welt als Gottes Leib.

*

Eine Sammlung von Möglichkeiten zum Erkennen der eigenen Seele findet sich in: Harry Eilenstein – „Selbsterkenntnis für Anfänger". Eine ausführlichere Darstellung der von der Astrologie ausgehenden Selbsterkenntnis wird in: Harry Eilenstein – „Horoskop und Seele" dargestellt.

* * *

Experimente – Teil 5

Der Licht-Stab

Person A streckt seinen Arm waagerecht aus. Person B legt ihre linke Hand auf den Bizeps des ausgestreckten Armes von Person A und drückt mit seiner rechten Hand die Hand von A nach oben – Kinderspiel ...

Nun hält A seinen Arm ganz entspannt und stellt sich lediglich vor, einen Lebenskraft-Lichtstrahl in seinem Arm zu halten – das sieht ungefähr wie ein Lichtschwert aus „Star Wars" aus. B versucht wie zuvor, den Arm von A anzuwinkeln – keine Chance!

Shaolin & Co.

Um diese „Meister Yoda"-Möglichkeiten kennenzulernen, ist es am einfachsten, einen guten Lehrer in Shaolin, Karate, Systema o.ä. aufzusuchen.

Allerdings geschehen viele dieser fortgeschritteneren Magie-Formen nicht „auf Bestellung", sondern spontan in der Situation, in der sie gebraucht werden.

Der Licht-Ring

Das lässt sich noch steigern: Person A hält ihre Zeigefingerspitze auf ihre Daumen-spitze. Person B versucht mit beiden Händen, den Daumen von A von dem Zeige-finger von A zu trennen, sodass der „Finger-Ring" geöffnet wird. Das ist natürlich nicht sonderlich schwer ...

Nun stellt sich A vor, dass seine beiden Finger von einem Licht-Lebenskraft-Ring zusammengehalten werden. Daumen und Zeigefinger sind dabei entspannt. Nun ver-sucht B wieder, diesen „Finger-Ring" zu öffnen – vergeblich.

6. Funktionen

♍

Die Jungfrau schaut genau hin, schaut auf das Detail und fragt sich, wie das alles aufgebaut ist, wie das zusammenhängt, wie das funktioniert, wie das eigentlich richtig wäre, wie das in Ordnung gebracht werden kann, wie das gereinigt werden kann – und wie man das nur alles schaffen soll …

Die Jungfrau ist der Forscher, der die Welt betrachtet und sie so beschreibt, dass man alles in ihr nutzen kann – Kräuterbücher, Betriebsanleitungen, Gebrauchsanweisungen, Kochrezepte, Werkzeugkisten … Der Jungfrau geht es nicht um ein abstraktes Modell, sondern um die Art von Sachkenntnis, die ein Handeln ermöglicht, das zum erwünschten Ziel führt. Dies ist die Haltung der Handwerker, Heiler, Therapeuten, Konstrukteure und ähnlicher Berufe.

Durch sie werden die bisherigen Erlebnisse, die über das derzeit dominierende naturwissenschaftliche Weltbild hinausgehen, genauer untersucht – nicht mit der Absicht, sie theoretisch zu beschreiben, sondern mit der Absicht, sie praktisch nutzbar zu machen. Die Jungfrau sucht stets nach dem „Know how", also nach Sachkenntnis. Sie ist diejenige, die dem strahlenden Willen des Löwen sagt, wie er seinen Willen am effektivsten in die Tat umsetzen und sein Ziel erreichen kann: Das Wollen alleine reicht schließlich nicht – das Wollen muss auch realisiert werden. Und für dieses Realisieren ist die Jungfrau zuständig.

Sie schaut sich alles genau an und weiß deshalb, was für die erfolgreiche Umsetzung notwendig ist – auch für die Telepathie, die Horoskopdeutung, einen Feuerlauf, die Bitte an eine Gottheit, die Auswahl des richtigen homöopathischen Kügelchens, die zu einem Problem passende Meditation und so weiter. Brauchst Du Rat – frage eine Jungfrau.

Die Jungfrau lernt vor allem durch die Anwendung – der Schuhmachermeister war erst ein Lehrling, dann ein Geselle, dann ein Meister und nun ist er der alter Schuster, der jedem Schuh sofort genau ansieht, was er mit ihm noch machen kann und ob er noch zu retten ist.

Die Jungfrau lernt vor allem durch Übung und Erfahrung, aber sie kann auch mal wie ein Forscher das Experiment benutzen, um etwas Neues herauszufinden, das sie gerade braucht. Dafür benutzt sie die altbewährte Folge von „Experiment – Analyse – Schlussfolgerung – Modell – neues Experiment". Sie ist der Empiriker unter den Sternzeichen – sie schaut einfach, was funktioniert und was nicht. Das ist auch schon alles … aber man ist oft froh, wenn man solch einen sachkundigen Menschen kennt, wenn man mal nicht mehr weiter weiß.

*

Was sagen berühmte Jungfrauen, die sich mit spirituellen Dingen befasst haben?

Sie sehen sich als Handwerker, die sich und die Welt reinigen und in Ordnung bringen.

>*„Leben im reinen Geist ist das einzig wirkliche ewige Leben."*
>
>Swami Sivananda, Yogalehrer (Jungfrau/Krebs)

>*„Jede Situation ist nur eine weitere Gelegenheit auszudrücken, wer Du bist."*
>
>Neale Donald Walsh, Autor und Journalist (Jungfrau/Löwe)

>*„Wir haben genug Zeit, wenn wir sie nur richtig verwenden."*
>
>Johann Wolfgang von Goethe, Dichter und Politiker (Jungfrau/Skorpion)

>*„Das Gleiche lässt uns in Ruhe, aber der Widerspruch ist es, der uns produktiv macht."*
>
>Johann Wolfgang von Goethe, Dichter und Politiker (Jungfrau/Skorpion)

>*„Gedanken sind wie Magneten, die Auswirkungen anziehen."*
>
>Neale Donald Walsh, Autor und Journalist (Jungfrau/Löwe)

>*„Frieden beginnt mit einem Lächeln."*
>
>Mutter Theresa, Nonne (Jungfrau/Schütze)

>*„Das Leben ist das, was wir daraus machen."*
>
>Grandma Moses, Malerin (Jungfrau/Steinbock)

*

Die Jungfrau ist ein Handwerker – sie macht aus den Entdeckungen des Widders von jedem allgemein anwendbare spirituelle, religiöse, magische, homöopathische, therapeutische usw. Methoden. Sie schreibt Anleitungen, weist auf Probleme hin, gibt Rat und Hilfe und entwickelt ihren Sachverstand ständig weiter.

Die Bereiche, die von der Jungfrau in dem hier betrachteten Zusammenhang erforscht und für die Allgemeinheit zugänglich beschrieben werden, sind das Deuten des Tarots, des I Gings und eines Horoskops; das Anleiten einer Familienaufstellung, des Rebirthing-Atems, eines Feuerlaufs, einer Schwitzhütte, eines Trancetanzes und einer Traumreise; das Heilen von Traumata, Psychosen und anderen psychischen Störungen; das Lehren der Astrologie, der Steinheilkunde, der Bachblütentherapie, der Homöopathie, der Schüssler-Salze, des Ayurveda und der Akupunktur … Diese Liste ließe sich noch sehr lange fortführen.

Die Jungfrau macht die Entdeckungen des Widders allgemein verständlich, zugänglich und anwendbar.

*

Eine kurze Darstellung der meisten dieser Themen mit Anleitungen zum Selbermachen findet sich in der Reihe mit dem Titel „… für Anfänger" von Harry Eilenstein, die inzwischen 50 Bände umfasst.

* * *

Experimente – Teil 6

Shaolin-Versuch

Für den „Shaolin-Versuch" wird eine Tischplatte, ein Zaunpfahl oder etwas Ähnliches gebraucht, das eine glatte Fläche in ungefähr 1,20m Höhe hat.

Person A legt ihre rechte Faust auf diese Fläche. Person B und Person C ergreifen mit beiden Händen das Handgelenk und die Faust von A und halten sie auf der Fläche fest. Nun blickt A auf seine Faust, die von B und C festgehalten wird, und versucht sie fortzuziehen – vergeblich …

25

Jetzt wird die Versuchsanordnung verändert: A wendet sich von B und C fort und blickt in seine linke Handfläche, die er mit leicht angewinkeltem Arm im Abstand von ca. 40cm vor seine Augen hält – und geht einfach fort und zieht B und C mühelos hinter sich her. Bei diesem Versuch ist die Geste, die den Unterschied macht, das Blicken in die eigene Hand und das „sich nicht um die beiden kümmern, die die Faust festhalten".

Die Geste und der Blick allein genügen natürlich noch nicht – man muss sich auch wirklich darauf konzentrieren, dass man jetzt einfach das macht, was man selber will, und dass man ganz wörtlich „den eigenen Weg geht". Der Blick in die eigene Handfläche ist ein Hilfsmittel, um einfacher in die Haltung der souveränen Eigenständigkeit zu gelangen.

Diese Haltung der Eigenständigkeit und der Konzentration auf das, was man selber will, kann man in jedem Lebensbereich brauchen. Das Praktische an diesem Experiment ist, dass es auf so direkte und einprägsame Weise die Wichtigkeit der eigenen Haltung bei dem, was man tut zeigt:

> *„Ich versuch's mal, aber viel Hoffnung habe ich nicht, denn die Hindernisse sind ja so groß ... "*

> *oder*

> *„Da will ich hin – also los!"*

7. Analogie

♎

Die Waage schaut auf Zusammenhänge, Harmonien und Beziehungen. Sie ist das erste der zwölf Tierkreiszeichen, das nicht nach innen, sondern nach außen hin schaut und das nach außen hin ausgerichtet ist.

Der Widder hat etwas Neues erschaffen oder erobert oder auf eine andere Weise erlebt; der Stier hat dieses Neue genutzt; der Zwilling hat es sich genau angeschaut; der Krebs hat es in seinen Kreis aufgenommen; der Löwe hat es integriert; die Jungfrau hat Sachkenntnis und Übung in seinem Gebrauch erworben; – und die Waage schaut nun, wo in der eigenen Welt dieses Neue am besten stehen sollte.

Die Waage richtet sich als erstes Tierkreiszeichen nach außen hin – das bedeutet, dass sie die Dinge nicht nur wie die Jungfrau genau und präzise angeht, sondern dass die Waage die Dinge auch anschaulich, gut verständlich und idealerweise auch noch auf eine schöne, ansprechende Weise darstellen will. Die Waage richtet sich an das Du und kommt dem Du entgegen …

Das anschauliche Darstellen ist nichts Nebensächliches, sondern etwas Wesentliches, da es den anderen Menschen das Verstehen von dem, was man darstellt, erleichtert. Der Physiker Richard Feynman hat 1965 seinen Nobelpreis nicht nur deshalb erhalten, weil er neue Entdeckungen in der Quantenelektrodynamik gemacht hatte, sondern auch, weil er die nach ihm benannten Feynman-Diagramme entwickelt hatte, mit deren Hilfe man die Vorgänge in der Teilchenphysik weit anschaulicher als zuvor darstellen kann.

Die Waage ist darum bemüht, Sachtexte wie ein Gedicht zu gestalten, damit sie zu „schwingen" beginnen und letztlich anmutig wie ein gutes Lied werden. Dabei helfen Zusammenfassungen, das Hervorheben von Kerngedanken, der gleiche Aufbau von mehreren Aussagen oder Kapiteln, und ähnliches mehr. Die Sprache, der Aufbau des Textes, die grammatische Form und das Layout dienen alle dazu, den Inhalt deutlicher werden zu lassen.

Diese von der Waage angestrebte Schönheit geht jedoch noch deutlicher weiter. So ist es unter den Mathematikern und Physikern inzwischen eine gut bekannte Weisheit, dass dann, wenn es – wie zum Beispiel in der Superstring-Theorie – eine große Anzahl von möglichen mathematischen Beschreibungen eines Sachverhaltes gibt, die einfachste, symmetrischste und schönste Möglichkeit in aller Regel auch die letztlich zutreffende Möglichkeit ist. Diese Qualität, nach der von diesen Wissenschaftlern geschaut wird, hat von ihnen mittlerweile den Namen „Eleganz" erhalten.

Aufgrund des Harmoniebestrebens der Waage will dieses Sternzeichen die Welt stets als ein Ganzes beschreiben, also als eine lebendig Einheit, in der alle Teile sich aus denselben Grundprinzipien herleiten lassen. Sie will daher – wenn sie sowohl das naturwissenschaftliche Weltbild als auch das magisch-spirituell-religiöse Weltbild als richtig und real und funktionierend erkannt hat – beides miteinander zu einer Einheit verbinden.

Doch wie soll das möglich sein?

Die Naturwissenschaften betrachtet die Entwicklung von Dingen im Verlauf der Zeit – sie beschreiben folglich die Kausalität.

Astrologie, Magie, Religion und ähnliches beschreiben jedoch Analogien, d.h. Gleichzeitigkeiten, Synchronizitäten, Entsprechungen – also „zeitlose" Zusammenhänge im Augenblick wie z.B. den Charakter eines Menschen und den Stand der Planeten zum Zeitpunkt seiner Geburt.

Dieser Unterschied wird noch ein wenig deutlicher, wenn man ihn einmal graphisch darstellt – siehe die nächste Seite. Die Magie, die Astrologie und ähnliches ist in der Gegenwart und schaut, welche Muster und Zusammenhänge sie sieht, die Physik betrachtet hingegen die Dinge im Verlauf der Zeit. Die Magie findet in dem Diagramm auf der waagerechten Gegenwartsachse statt – die Physik findet hingegen auf der senkrechten Zeitverlaufs-Achse statt.

Daraus ergibt sich, dass man das magische Weltbild nicht mit dem wissenschaftlichen Weltbild erklären kann – und genauso wenig das wissenschaftliche Weltbild mit dem magischen Weltbild erklären kann. Doch was soll man denn dann überhaupt anschauen, um herauszufinden, wie diese beiden Weltbilder zusammengehören? Und irgendwie müssen sie ja zusammengehören, da beide Weltbilder dieselbe Welt beschreiben …

Die Antwort ist einfach: Man kann die Strukturen vergleichen, die in dem natur-wissenschaftlichen Weltbild und in dem magisch-spirituellen Weltbild auftreten. Die Ernte ist bei diesem Ansatz ausgesprochen reich, auch wenn sie hier nur sehr kurz skizziert werden kann.

1. Waage und Spiegel

Die Naturwissenschaften vergleichen Mengen und Maße. Das bedeutet, dass das Gleich-heitszeichen „=" das zentrale Element in dieser Sichtweise ist.

Dieses „=" ist wie eine Waage.

Mit ihrer Hilfe wird alles in den Naturwissenschaften betrachtet:

$$2kg + 1000g = 3kg$$
$$100m + 17m = 117m$$
$$5cm \cdot 20g = 10cm \cdot 10g$$
$$200 : 25 = 8$$
$$E = m \cdot c^2$$

Die magisch-spirituellen Systeme vergleichen jedoch keine Mengen und Maße, sondern Strukturen und Qualitäten. Das bedeutet, das ein Gleichniszeichen „||" gebraucht wird, das dann das zentrale Element dieser Sichtweise ist.

Dieses „||" ist wie ein Spiegel.

Mit seiner Hilfe wird alles in dem magisch-astrologisch-spirituellen Weltbild betrachtet:

Motor – Auto || Pferd – Kusche

Mensch – Augen || Roboter – Kamera

Mensch – Gehirn || Maschine – KI

Situation || kleines Ereignis (Omen)

Charakter || Planetenstand zum Zeitpunkt der Geburt

Bei der Betrachtung von Quantitäten braucht man das Gleichheitszeichen „=" und für die Betrachtung von Qualitäten muss man das Gleichniszeichen „||" neu einführen.

Dieses Gleichnis-Prinzip findet sich bei der Beschreibung von Qualitäten in vielen verschiedenen Formulierungen:

- Astrologie: Gleiches entwickelt sich gleich

- Homöopathie: Gleiches wirkt auf Gleiches

- Magie: Gleiches ruft Gleiches herbei

usw.

Quantitäts-Vergleich: **Mathematik**

$$1 + 2 + 3 = 6$$

zentrales Element: ***Gleichheitszeichen***
(beschreibt meistens die zeitliche Entwicklung)

Qualitäts-Vergleich: **Analogie**

Kutsche   Auto

| || |

Pferd   Motor

Zentrales Element: ***Gleichniszeichen***
(beschreibt meistens *die Gleichzeitigkeit)*

Das Denken in Analogien in dem magisch-astrologisch-spirituellen Weltbild ist die Entsprechung zur Mathematik im kausal-naturwissenschaftlichen Weltbild. Beide – also Mathematik und Analogien – sind gleich präzise und nützlich, aber sie betrachten andere Zusammenhänge – Quantitäten bzw. Qualitäten – und führen daher auch zu verschiedenen Erkenntnissen.

2. Winkel

Da die Naturwissenschaften zeitliche Entwicklungen analysieren und die magisch-spirituellen Wissensbereiche Gleichzeitigkeiten untersuchen, kann man bei der Suche nach möglichen Gemeinsamkeiten nur Strukturen betrachten.

Die kleinsten Struktur-Einheiten sind die Winkel. Die Qualitäten dieser Winkel sind in der Physik und in der Astrologie und auch in den Qualitäten der Kristallgitter der Steine in der Steinheilkunde identisch. Das Folgende ist eine sehr knappe Schilderung dieser Analogien:

Der Winkel von 0° ist die Einpolarität. Sie findet sich in der Physik als die einpolare Gravitation und in der Astrologie als der Konjunktions-Aspekt. Beides ist eine Identität. In der Steinheilkunde ist dies das monokline Kristallgitter.

Der Winkel von 180° ist die Zweipolarität. Sie findet sich in der Physik als die zweipolare elektromagnetische Kraft (+/-) und in der Astrologie als der Oppositions-Aspekt. Beides ist der Wechsel zwischen zwei Polen. In der Steinheilkunde ist dies das rhombische Kristallgitter.

Der Winkel von 120° ist die Dreipolarität (Dreieck). Sie findet sich in der Physik als die dreipolare Farbkraft (rot/blau/gelb) und in der Astrologie als der Trigon-Aspekt. Beides ist der feste Zusammenhalt. In der Steinheilkunde ist dies das trigonale Kristallgitter.

Der Winkel von 90° ist die Abgrenzung. Sie findet sich in der Physik als der Winkel zwischen der elektrischen Welle und der magnetischen Welle, die stets abwechselnd auf „Maximum" und auf „0" sind, und in der Astrologie als der Quadrat-Aspekt. Beides ist eine „formbildende" Trennung. In der Steinheilkunde ist dies das kubische Kristallgitter.

Der Winkel von 60° ist die Gruppe von gleichen Einheiten. Sie findet sich in der Physik als die Form der Schneeflocke, als die sechs stabilen Orte auf der Umlaufbahn eines Mondes um einen Planeten oder als die Winkel zwischen gleichgroßen Kugeln in einem Eimer, sowie in der Astrologie als der Sextil-Aspekt. Beides ist die Anordnung von gleichen Elementen auf engem Raum. In der Steinheilkunde ist dies das hexagonale Kristallgitter.

3. Elementarteilchen und Tierkreis

Neben den Winkeln als den kleinsten Struktur-Elementen gibt es auch größere Gesamtstrukturen:

So gibt es 12 Elementarteilchen, die aus vier Teilchen (up-Quark, down-Quark, Elektron und Neutrino) in jeweils drei Größen bestehen.

Im Tierkreis entspricht dies den vier Elementen (Feuer, Wasser, Luft und Erde), die in den drei Dynamiken (erschaffend, ausgestaltend und nutzend) auftreten.

4. Superstring und Tierkreis

Der kleinste Superstring ist der des Gravitons. Superstrings sind – bildlich gesprochen – kreisförmige Saiten, die als stehende Welle schwingen (Saite = englisch: string). Das heißt, sie haben zwölf gleichgroße Bereiche, die schwingen und dazwischen jeweils einen Punkt, der sich in Ruhe befindet.

Auch der Tierkreis ist ein Kreis, der aus zwölf gleichgroßen Bereichen besteht, die scharf voneinander abgegrenzt sind. Dieser Tierkreis enthält als Verhältnis zwischen den einzelnen Tierkreiszeichen, die bereits beschriebenen Winkel (astrologische Aspekte) als das Verhältnis zwischen den einzelnen Tierkreiszeichen.

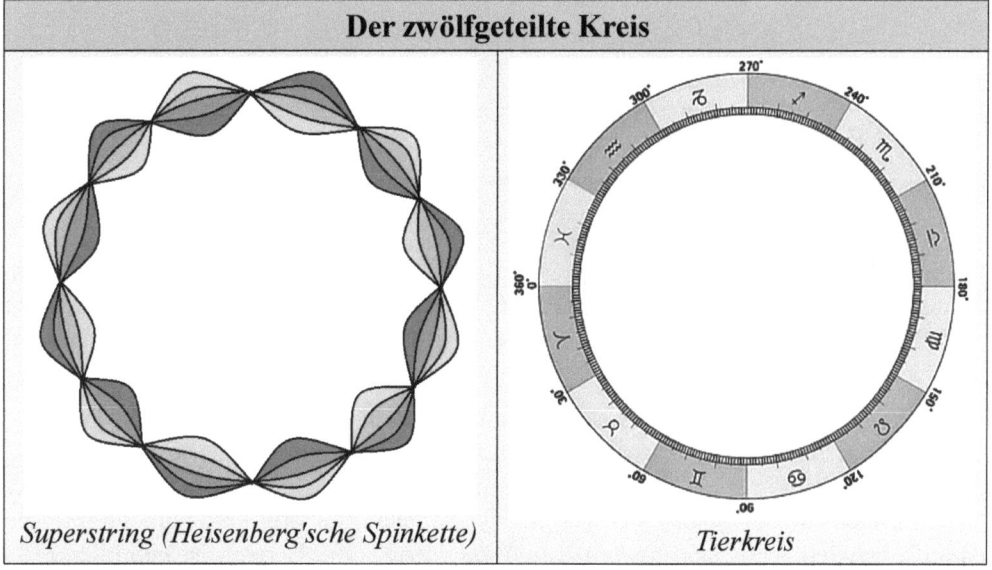

Der zwölfgeteilte Kreis

Superstring (Heisenberg'sche Spinkette)   *Tierkreis*

5. Superstringtheorie und Lebensbaum

(Diese Analogie wird hier nur sehr kurz geschildert, da eine ausführliche Darstellung sehr viel Mehr Platz benötigen würde – siehe den Buchhinweis am Ende dieses Kapitels.)

Die Superstring-Theorie wird durch ein mathematisches Modell mit elf physikalischen Dimensionen beschrieben.

- die 1. Dimension ist die Zeit;

- die 2.-4. Dimension sind die drei ausgedehnten Raum-Dimensionen;

- die 5.-10. Dimension sind sehr kleine Raumdimensionen (noch unter der Planck-Größe);

- und die 11. Dimension bildet die „Hülle" des Ganzen.

Der Lebensbaum aus der Kabbala ist eine Graphik, die ebenfalls aus elf Bereichen („Sephiroth") besteht.

- der 1. Bereich ist der Ursprung,

- der 2.-4. Bereich ist abgrenzungslos,

- der 5.-7. Bereich ist zentrierend,

- der 8.-10. Bereich ist beweglich,

- und der 11. Bereich ist einhüllend.

Diese elfteilige Struktur lässt sich in allen Dingen wiederfinden – von einem Staubsauger über die Deutschen Verfassung bis hin zum Aufbau einer Zelle. Auch die elf Dimensionen der Superstring-Theorie entsprechen genau diesen elf Bereichen auf dem Lebensbaum.

Die Superstringtheorie ist in 1-3-6-1 Bereich unterteilt. Der Lebensbaum ist in 1-3-3-3-1 Bereiche unterteilt. Der einzige Unterschied zur Superstringtheorie besteht darin, daß die Sechergruppe bei dem Lebensbaum als zwei Dreiergruppen erscheint. Der erste Bereich ist bei beiden der Ursprung, die nächsten drei sind unbegrenzt, die darauffolgenden sechs sind begrenzt, und der letzte, elfte Bereich ist einhüllend. Es ahndelt isch bei beiden Systemen offensichtlich um dieselbe Struktur.

Die Zeit entspricht auf dem Lebensbaum dem Ursprung; die drei ausgedehnten Raumdimensionen entsprechen auf dem Lebensbaum den drei abgrenzungslosen Bereichen auf dem Lebensbaum; die sechs kleinen Raumdimensionen entsprechen den drei zentrierenden und den drei beweglichen Bereichen auf dem Lebensbaum;

und die einhüllende Raumdimension entspricht dem einhüllenden Bereich auf dem Lebensbaum.

Der Lebensbaum integriert zudem auch noch die Astrologie: An den vier Übergängen zwischen diesen Bereichsgruppen auf dem Lebensbaum (die waagerechten Linien auf der Lebensbaum-Graphik) befindet sich jeweils der Tierkreis, d.h. die Orte an denen Horoskope entstehen.

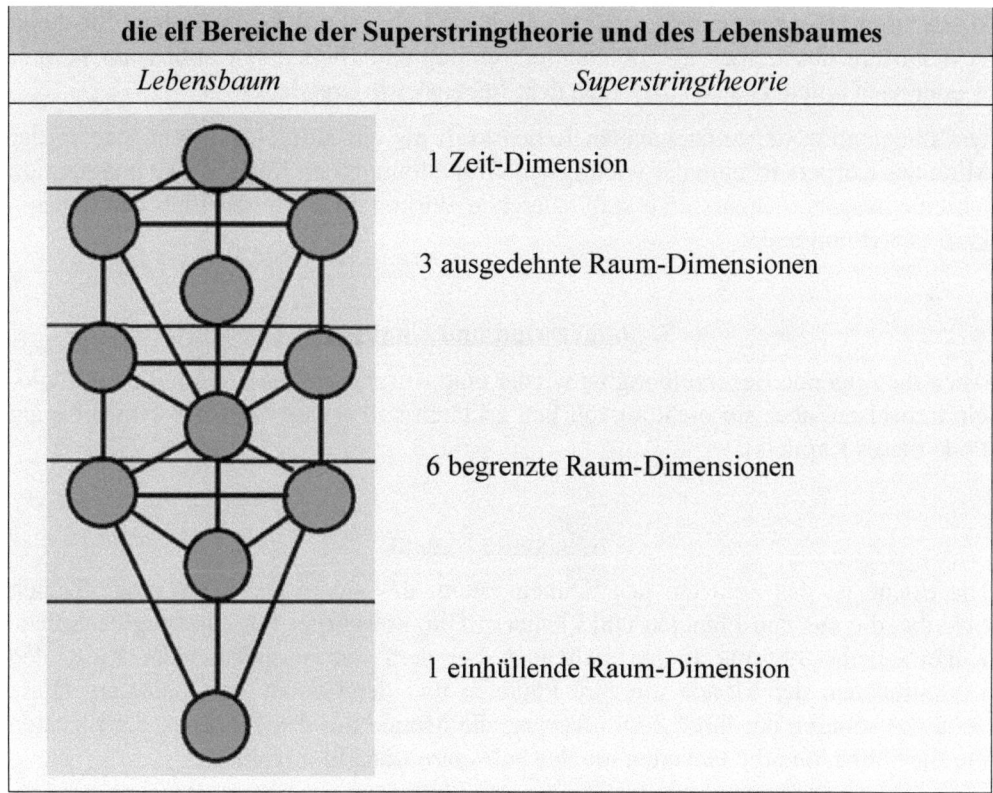

die elf Bereiche der Superstringtheorie und des Lebensbaumes	
Lebensbaum	*Superstringtheorie*
	1 Zeit-Dimension
	3 ausgedehnte Raum-Dimensionen
	6 begrenzte Raum-Dimensionen
	1 einhüllende Raum-Dimension

6. Superstrings und Kundalini

Ein Superstring ist im Wesentlichen einr schwingende „Kreis-Linie". Diese Form ist am deutlichsten bei den Gluonen zu sehen, die die drei Quarks im Proton und im Neutron zusammenhalten – die Quarks sind die Energiequanten der „Starken Wechselwirkung". Sie haben die Form eines Rings, in dem innen die Energie aufsteigt und außen wieder herabfließt.

35

Sehr wahrscheinlich sind auch die Photonen (Energie-Quanten der elektromagnetischen Kraft) und die Gravitonen (Teilchen der Schwerkraft) auf dieselbe Weise aufgebaut.

Diese Form der Bewegung („innen nach oben, außen nach unten") trägt im Allgemeinen den Namen „Konvektionsströmung". Diese Bewegung findet sich u.a. auch in einem Kochtopf, in dem die Suppe an manchen Stellen nach oben brodelt und an anderen Stellen wieder nach unten absinkt.

Diese Form hat u.a. dem Yoga zufolge auch die Lebenskraft im Menschen: Sie steigt in der Mitte des Leibes als „Kundalini" empor und fließt dann außen am Körper wieder nach unten. Dis ist sozusagen der „Lebenskraft-Kreislauf".

Die Imagination der aufsteigenden Lebenskraft als ein aufrechter Licht-Stab in der Mitte des Körpers ist eine der wichtigsten Grundübungen im Yoga. Diese Imagination hat eine ausgesprochen starke stabilisierende Wirkung, da sie den Fluß der Lebenskraft anregt und lenkt.

7. Sonnenwind und Chakren

Auch die folgende Beschreibung ist wieder eine Kurzfassung, die nur auf eine Analogie hinweisen, aber sie nicht ausführlich erklären soll (siehe die Buch-Hinweise am Ende dieses Kapitels).

rotierendes System

Die Sonne ist das Zentrum des Sonnensystem, das sie in der Form einer flachen Scheibe, die aus den Planeten und kleineren Himmelskörper besteht, umgibt. Solche Kugel/Scheibe-Systeme finden sich auch bei dem Saturn und seinem Ring, den Umlaufbahnen der Monde um ihre Planeten und der Gestalt von Galaxien. Diese Scheiben rotieren um ihren Zentralkörper: die Monde um den Planeten, die Planeten um die Sonne, und die Galaxien um das Schwarze Loch in ihrer Mitte.

Auch die Chakren sind scheibenförmig (weshalb sie als Lotusblüten dargestellt werden) und rotieren um ihre Mitte (weshalb sie auch „Chakra", d.h. „Rad" genannt werden).

der dreigeteilte Umraum

Der Umraum der Sonne hat einen komplexen Aufbau.

Der innere Bereich ist der sogenannte „Sonnenwind". In diesem Bereich hat die Sonne durch die von ihr abgestrahlten Photonen und Ionen alle Materie nach außen hin von sich fort geschoben.

Der Mittlere Bereich ist die „Stoßfront". In ihr hat sich die gesamte von der Sonne fortgeschobene Materie angesammelt. Sie befindet sich außerhalb der Umlaufbahn des Plutos. Sie hat in etwa eine Gesamtmasse, die der der Erde entspricht, doch sie ist nicht fest, sondern nur eine Hohlkugel-förmige Staubschicht.

Der äußere Bereich ist die sogenannte „Bugwelle". Da die Stoßfront immer weiter in das Weltall hinausgeschoben wird und sich dort bereits fein verteilte Materie befindet („Sternenstaub"), entsteht in dieser Materie eine Art Bugwelle.

Der Sonnenwind wird ganz von der Sonne geprägt. Er entspricht den vier erschaffenden Tierkreiszeichen (Widder, Krebs, Waage, Steinbock).

Die Stoßfront bildet eine feste Form. Sie entspricht den vier gestaltenden Tierkreiszeichen (Löwe, Skorpion, Wassermann, Stier).

Die Bugwelle ist eine Bewegung im Umraum. Sie entspricht den vier nutzenden Tierkreiszeichen (Schütze, Fische, Zwillinge, Jungfrau).

das Zentrum

Die Sonne ist die Mitte des Sonnensystems. In dem System der sieben Chakren, die man als die Organe des Lebenskraftkörpers ansehen kann, entspricht das Herzchakra in der Mitte, das die Identität enthält, der Sonne.

Das Sonnengeflecht unter dem Herzchakra und das Halschakra über dem Herzchakra sind die beiden Gefühls-Chakren. Sie entsprechen von ihrer Qualität dem Sonnenwind und den erschaffenden Tierkreiszeichen.

Das Hara unter dem Sonnengeflecht und das Dritte Auge über dem Halschakra sind die beiden Verstandes-Chakren. Sie entsprechen von ihrer Qualität der Stoßfront und den ausgestaltenden Tierkreiszeichen.

Das Wurzelchakra unter dem Hara und das Scheitelchakra über dem Dritten Auge sind die beiden Wahrnehmungs-Chakren. Sie entsprechen von ihrer Qualität der Bugwelle und den nutzenden Tierkreiszeichen.

die Rotationsachse

Die Sonne enthält elektrisch geladene Teilchen (Ionen). Da sich die Sonne dreht, entsteht durch diese Ionen ein Magnetfeld. Eine rotierende elektrische Ladung bündelt dieses Magnetfeld in der Drehachse der sich drehenden Körpers zu zwei Strahlen, die ihn nach oben und nach unten hin verlassen („Jets"). Diese oft leuchtenden Jets finden sich bei der Erde an den Polen als Nordlicht, bei der Sonnen und sogar bei ganzen Galaxien – selbst Schwarze Löcher haben solche Jets.

Von dem Herzchakra geht je ein Lebenskraft-Strahl („Sushumna") nach oben und nach unten, an dem sich die drei oberen und die drei unteren Chakren befinden. Auch das Herzchakra und alle anderen Chakren ebenso rotieren wie die Sonne – das indische Wort „Chakra" bedeutet „Rad". Diese Chakren werden zwar oft sekracht vorne auf dem Körper dargestellt, doch sie befinden sich eigentlich waagerecht im Körper – auch der Lebenskraft-Strahl ist die Rotationsachse der sieben Chakren.

die beiden Spiralen

Die beiden Jets (Magnetstrahlen) der Sonne beschleunigen Ionen, die dann in zwei sich in entgegengesetzte Richtung drehenden Spiralen von der Sonne fort fliegen. Die beiden Richtungen ergeben sich aus den beiden verschiedenen Ladungen der Ionen (+/-).

Um den Lebenskraftstrahl („Sushumna"), an den die sieben Chakren aufgereiht sind, kreisen zwei weitere Lebenskraftstrahlen („Ida" und „Pingala") in der Form von zwei Spiralen, die sich an jedem Chakra kreuzen. Dies wird auch als die beiden Schlangen am Hermesstab dargestellt.

das Gesamtsystem

Der Umraum der Sonne ist genauso aufgebaut wie das Chakrensystem, das ein zentrales Element der indischen Yoga-Lehre ist.

- Zentrum: Sonne – Herzchakra (Identität)

- Rotation: Sonne und Planeten um die Sonne – Chakren

- Scheibe: Planeten rings um die Sonne – „Blütenblätter" der Chakren

- Rotationsachse: Jets der Sonne – Lebenskraft-Stab (Sushumna)

- Spiralen um die Rotaionsachse: Ionen-Ströme – Ida und Pingala

- innerer Umraum: Sonnenwind – Sonnengeflecht und Halschakra (Ausdehnung, Gefühl)

- mittlerer Umraum: Stoßfront – Hara und Drittes Auge (Form und Gedanken)

- äußerer Umraum: Bugwelle – Scheitelchkara und Wurzelchakra (Kontakt und Erlebnis)

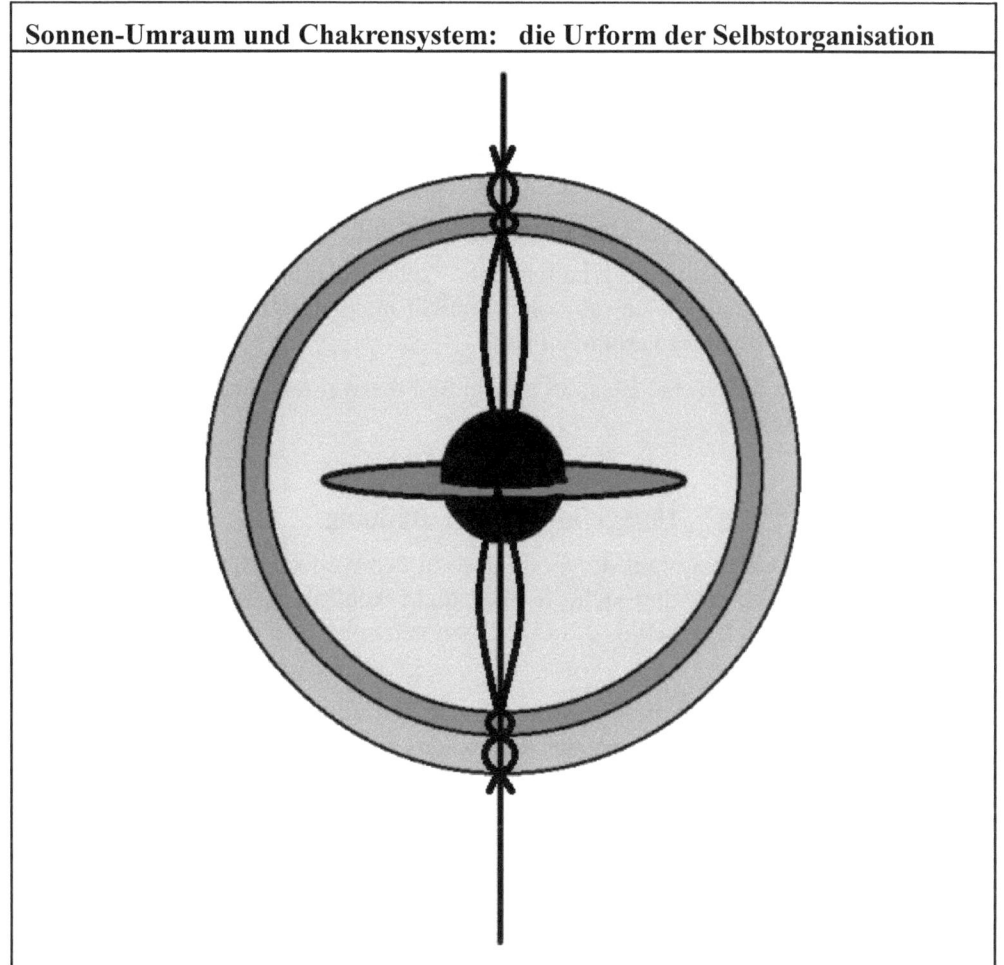

Zentralkugel – Scheibe um diese Kugel – die beiden Jets – die drei Bereiche rings um die Zentralkugel – die beiden Spiralen (hier als Bögen dargestellt)

8. Thermisches Gleichgewicht und Atomkerne

10.000 Jahre nach dem Urknall ereigneten sich genau gleichzeitig zwei Dinge. Zum einen endete das thermische Gleichgewicht, durch das es bis dahin überall im Weltall gleich dicht, gleich heiß und gleich hell gewesen war, und zum anderen bildeten sich die ersten Atomkerne.

Physikalisch gesehen gibt es – wie von den Physikern immer wieder betont wird – keinen Grund für diese Gleichzeitigkeit. Wenn man diese Vorgänge jedoch auf dem Lebensbaum betrachtet, finden sich diese beiden Vorgänge beide an derselben Stelle

39

auf dem Lebensbaum und müssen daher auch gleichzeitig stattfinden.

Hier hat die Analogie den Ablauf der kausalen Entwicklung geprägt. Das lässt sich natürlich nur bei genauerer Kenntnis des Lebensbaumes plausibel nachweisen, sodass hier nur auf diesen Zusammenhang hingewiesen werden kann.

9. Quantenverschränkung

Bei der Quantenverschränkung verhalten sich – sehr vereinfacht gesagt – die beiden Teile eines Quants genau gleich, obwohl sie nicht mehr durch einen physikalischen Zusammenhang miteinander verbunden sind.

Dies kann man wie das vorige Beispiel als ein Sichtbarwerden der Analogie-Ordnung der Welt auffassen.

10. Symmetrische Entfaltung

Wenn man den kausalen Ablauf der Ereignisse in der Welt mit den Analogien in der Welt zusammendenkt, entfaltet sich die Welt nicht wahllos, sondern eben in Analogien. Daraus ergibt sich ein Bild, das eine „symmetrische Entfaltung" wie bei einem Kaleidoskop ist.

Ein weiteres Element, das diese „symmetrische Entfaltung" prägt, sind die Erhaltungssätze, die besagen, dass nichts aus dem Nichts heraus neu entstehen kann oder in das Nichts hinein verschwinden kann. Das bedeutet, das es zu jedem Ereignis auch seinen Gegenpol gibt („actio = reactio").

Die Grundaussage der Naturwissenschaften ist: *Jede Begegnung zwischen zwei Dingen verändert diese beiden Dinge in vorhersehbarer Weise."*

Die Grundaussage der Analogien ist: „Gleiches wirkt auf Gleiches." oder etwas genauer gesagt: *„Analoge Dinge entwickeln sich analog zueinander."*

Die Grundaussage in dem hier betrachteten vereinheitlichten kausal-analogen Modell ist: *„Die Welt entfaltet sich auf symmetrische Weise."*

In beiden Weltbildern beginnt alles mit der Ur-Einheit: die Singularität bzw. Gott.

Dann folgt die Auflösung der Ur-Einheit: der Urknall bzw. die Schöpfung.

Dadurch entsteht der Ur-Gegensatz: der Urknall-Impuls und die Gravitation bzw. Yin und Yang.

Der erste Schritt in der Entstehung der Welt sieht in dem kausalen und in dem analogen Weltbild daher gleich aus. Man kann ihn wie folgt vereinfacht graphisch darstellen:

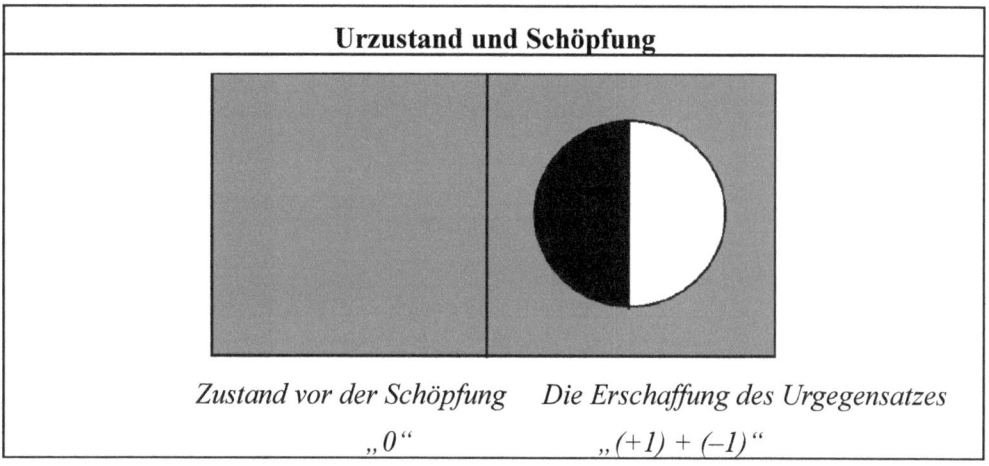

Urzustand und Schöpfung

Zustand vor der Schöpfung　　*Die Erschaffung des Urgegensatzes*

„0"　　　　„(+1) + (−1)"

In den naturwissenschaftlichen Kausal-Weltbildern differenziert sich der Ur-Gegensatz auf „diffuse" Weise weiter, während die Differenzierung in den magisch-spirituellen Analogie-Weltbildern einem Gesamtmuster folgt, durch das ein Mandala entsteht, in dem jedes Teil einen sinnvollen Bezug zu allen anderen Teilen hat.

Dieser Unterschied zwischen den kausalen und den analogen Weltbildern in Bezug auf die fortschreitende Differenzierung der Welt lässt sich wieder auf einfache Weise graphisch darstellen:

Die Entwicklung

1. die Entwicklung im kausal-physikalischen Modell

Urzustand	Ur-Gegensatz	asymmetrische Differenzierung

2. die Entwicklung im analog-magischen Modell

Urzustand	Ur-Gegensatz	symmetrische Differenzierung

Das magisch-spirituelle Modell der Analogien steht also nicht im Widerspruch zu dem physikalischen Modell der Kausalität, sondern führt lediglich ein weiteres Element in die Beschreibung die Entwicklung der Welt ein: Die Ausdifferenzierung verläuft nicht zufällig-chaotisch, sondern symmetrisch-geordnet. In dem Analogie-Modell ist diese symmetrische Differenzierung nicht nur ein „ästhetischer Aspekt", sondern erschafft eine weitere, nicht-kausale Ordnung in der Welt.

Man kann diese Analogien auch in ihrem zeitlichen Aspekt beschreiben: *„Jedes Teil steht mit allen anderen Teilen mit derselben Qualität in einer Entwicklungs-Kopplung. "*

Die Bedeutung dieses Satzes kann man am besten anhand der Astrologie erkennen: Die Planeten laufen auf festgelegten Bahnen mit festgelegten Geschwindigkeiten um die Sonne. Wenn man die Qualitäten der Planeten, der Winkel zwischen ihnen sowie der Tierkreiszeichen und der astrologischen Häuser herausgefunden hat, hat man ein Bezugssystem, das sich in vorhersehbarer Weise entwickelt und von dem man daher die zukünftigen Entwicklungen von Menschen, Tieren, Unternehmen usw. ablesen kann.

Der Unterschied zwischen der Entwicklung der Welt in den beiden Weltbildern der Physik und der Magie lässt sich durch die folgende Graphik noch etwas deutlicher veranschaulichen:

Die Weiterentwicklung

1. die Weiterentwicklung im rein kausal geprägten Modell

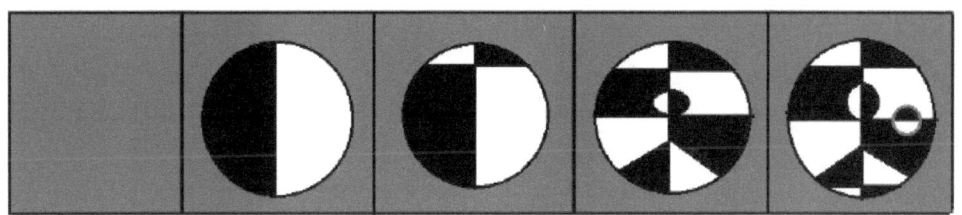

Urzustand   Ur-Gegensatz   asymmetrische Differenzierung

2. die Weiterentwicklung im kausal-analogen Modell

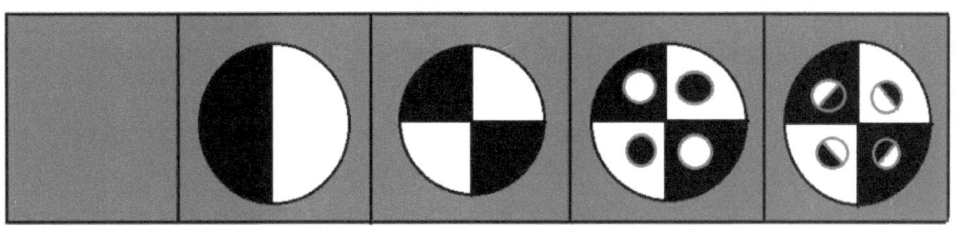

Urzustand   Ur-Gegensatz   symmetrische Differenzierung

Aus diesen neun kurzen Betrachtungen zu den strukturellen Übereinstimmungen zwischen dem naturwissenschaftlichen Weltbild (das auf der Kausalität beruht und Quantitäten betrachtet) und dem magisch-spirituellen Weltbild (das auf Analogien beruht und Qualitäten betrachtet) ergibt sich, daß diese beiden Weltbilder keineswegs im Widerspruch zueinander stehen – sie sind lediglich zwei verschiedene Blickwinkel auf dieselbe Welt, die sich zu dem Bild der sich symmetrisch entfaltenden Welt verbinden lassen.

*

Was sagen berühmte Waagen, die sich mit spirituellen Dingen befasst haben?

Sie streben nach Widerspruchsfreiheit, Frieden, Harmonie und Schönheit.

> *„Das Gute ist stärker als das Böse, Liebe ist stärker als Hass, Licht ist stärker als Dunkelheit, das Leben ist stärker als der Tod."*
>
> Desmond Tutu, Priester und Menschenrechtler (Waage/Zwillinge)

> *„Die Religionen sind verschiedene Wege, die im gleichen Punkt münden. Was macht es, dass wir verschiedene Wege gehen, wenn wir nur das gleiche Ziel erreichen?"*
>
> Mahatma Gandhi, Rechtsanwalt und Politiker (Waage/Waage)

> *„Magie: die Methoden der Wissenschaft, die Ziele der Religion."*
>
> Aleister Crowley, Magier (Waage/Löwe)

> *„Derjenige, der meditiert, ist der, der keine Zeit vergeudet, der keine Energie verschwendet und der keine Gelegenheit verpasst."*
>
> Annie Besant, Theosophin und Autorin (Waage/Fische)

> *„Das Gegenteil einer kleinen Wahrheit ist eine Unwahrheit – das Gegenteil einer großen Wahrheit ist auch eine Wahrheit."*
>
> Niels Bohr, Nobelpreis-Träger für Physik (Waage/Schütze)

„Die Beziehungen, die Du in diesem Moment in Deinem Leben angezogen hast, sind genau die, die Du in diesem Moment in Deinem Leben brauchst."

Deepak Chopra, Heilungsforscher und Autor (Waage/Fische)

„Gewalt ist die Waffe des Schwachen, Gewaltlosigkeit ist die Waffe der Starken."

Mahatma Gandhi, Rechtsanwalt und Politiker (Waage/Waage)

*

Die Waage ist ein Schöngeist – sie strebt nach einer harmonischen Darstellung des Ganzen, nach Austausch und Ausgleich und Verbindung und Integration. Der Ansatz der Waage, also der Vergleich und das Gleichnis, ermöglicht es, das naturwissenschaftliche Weltbild mit dem spirituell-magischen Weltbild vollkommen zwanglos zu einem einheitlichen Weltbild zu vereinen, in dem beide Aspekte der Welt gemeinsam gesehen werden können.

Das Handwerkzeug in diesem neuen, einheitlichen Weltbild sind das Gleichheitszeichen „=" und das Gleichniszeichen „||". Mit ihnen lassen sich sowohl die für die Kausalität wesentlichen Quantitäten als auch die für die Analogien wesentlichen Qualitäten systematisch und präzise erfassen.

Das umfassendste Analogie-System, das bisher bekannt ist, ist der Lebensbaum, der aus der Kabbala stammt.

*

Die Logik und die Genauigkeit der Analogie ist hier nur in sehr groben Zügen skizziert worden – doch zwei Dutzend Beispiele auch von komplexeren Analogie-Systemen würden den Rahmen dieser Betrachtung sprengen. Eine ausführliche und systematische Beschreibung sowohl der Analogien als auch des einheitlichen kausal-analogen Weltbildes dieser hier nur extrem kurz dargestellten Themen findet sich in: Harry Eilenstein – „Logik und Wirkung der Analogie".

Eine ausführlichere Herleitung und Darstellung dieses Lebensbaums findet sich in: Harry Eilenstein – „Blüten des Lebensbaumes I, II, III".

Experimente – Teil 7

Horoskope

Das Prinzip und die Richtigkeit von Analogien kann am ehesten durch das Kennenlernen der Horoskope von einem Dutzend verschiedener Personen gefördert werden.

Freundlichkeit

Wenn man einen Mangel, eine Angst oder eine Scham in sich kennt, kann man sich einmal hinsetzen und innerlich freundlich auf dieses alte Gefühl zugehen. Das ist dieselbe Haltung wie die, die man einem weinenden Kind gegenüber einnimmt, das sich die Knie gestoßen hat.

Wenn man sich in einer solchen Situation abwendet und dabei sagt: „Lass mich in Ruhe! Ich hab keine Zeit! Da ist doch gar nichts!", dann wird das Kind erst so richtig laut. Und auch dieses alte Gefühl im Keller der eigenen Psyche ...

Wenn man sich hingegen hinhockt, die Arme öffnet und sagt: „Komm mal her. Was ist denn passiert? Tut das arg weh?", dann beruhigt sich das Kind wieder, weil es gesehen und angenommen wird und seinen Rückhalt bei den Erwachsenen wieder spüren kann.

Das ist bei den eigenen alten „Gefühls-Konserven" nicht anders. Wenn man ihnen freund-lich begegnet und vielleicht ein inneres Gespräch mit ihnen beginnt, kann man sie kennenlernen und sie entspannen sich und man kann nach und nach zusammen mit ihnen herausfinden, wie diese alten Gefühle heilen können.

8. Durchsetzungsfähigkeit

♏

Der Skorpion will alle Dinge auf eine effektive Weise tun. Für ihn ist das schlüssige, einheitliche Weltbild, das die Waage formuliert hat, nur die Grundlage für sein Handeln. Die Waage skizziert die Landkarte – der Skorpion will darin wandern.

Der Skorpion sucht stets nach der wirksamsten Vorgehensweise, um ein Ziel zu erreichen. Dabei werden dann für die Informationsbeschaffung sowohl das Internet als auch Orakel verwendet, für die Werbung sowohl Anzeigen als auch Talismane, für die Selbstheilung sowohl Psychotherapie als auch Meditation usw. Es genügt nicht, nur zu wissen, dass es sowohl die Kausalität als auch die Analogie gibt, sondern man muss auch wissen, wann welche Methode wahrscheinlich am sichersten und schnellsten zum Erfolg führt – oder welche Kombinationen von Methoden.

In diesem Entwicklungsschritt auf dem Tierkreis wird auch erforscht, wozu die einzelnen kausalen und analogen Methoden in der Lage sind, wo man sie anwenden kann und vor allem auch, wie man sie noch effektiver gestalten kann. Hier geht es vom grundsätzlichen Verstehen des kausal-analogen Weltbildes – das die Waage erschaffen hat – zum Erkennen der möglichst wirkungsvollen Anwendung der kausalen und analogen Handlungsmöglichkeiten weiter.

Ein Blickwinkel dabei ist nicht nur die Effektivität, sondern auch die Macht im Sinne der Handlungsmöglichkeiten und Verwirklichungsmöglichkeiten.

Die Waage zeigt Möglichkeiten – der Skorpion entscheidet und handelt.

*

Was sagen berühmte Skorpione, die sich mit spirituellen Dingen befasst haben?

Sie suchen nach dem Wesentlichen, sie streben nach der Überwindung von Krisen, sie sind bereit für Verwandlungen.

„Sich hinsetzen und nachzudenken ist eine echte Knochenarbeit.“
König Charles III (Skorpion/Löwe)

„Manche Dinge kann man nicht durch Nachdenken ergründen – man muss sie erfahren.“

Michael Ende, Schriftsteller (Skorpion/Zwillinge)

„Mündig ist nicht, wer glaubt, Angst, Traurigkeit und Verzweiflung überwinden zu können, sondern wer sie zu durchleuchten vermag und daran wächst.“

Karlfried Graf Dürkheim, Psychotherapeut und Autor (Skorpion/Steinbock)

„Nichts geht verloren. Alles wird nur verwandelt.“

Michael Ende, Schriftsteller (Skorpion/Zwillinge)

„Das wahre Glück liegt in Dir.“

Sai Baba, indischer Guru (Skorpion/Skorpion)

„Öffne das Herz eines Menschen und Du wirst darin eine Sonne finden.“

Schwester Emmanuelle, Nonne (Madelaine Cinquin) (Skorpion/Schütze)

„Das Wissen, das der Beherrschung der Welt dient, entwickelt sich stetig weiter. Aber das Wissen eines Laotse ist eine Weisheit, die heute so gültig ist wie zu seiner Zeit. So gibt es ein Welt-Wissen, das sich im Fortschritt entwickelt, und ein Ur-Wissen um das Wesen und seinen Weg, das zeitlos ist.“

Karlfried Graf Dürkheim, Psychotherapeut und Autor (Skorpion/Steinbock)

*

Der Skorpion ist ein Tänzer – er sucht nach der Intensität, nach dem Wesentlichen und nach der ständigen Weiterverwandlung zu dem, was er im Innersten ist.

Mit einiger Wahrscheinlichkeit wird er sich auf die intensiveren magisch-spirituellen Erlebnismöglichkeiten konzentrieren: auf die Astralreise (die Seele verlässt vorübergehend den materiellen Leib), das Erwecken der Kundalini (das freie Fließen der Lebenskraft im eigenen Körper), den Feuerlauf, die Trancetänze und ähnliches.

Durch den Skorpion entstehen die wirklich wirksamen Werkzeuge …

*

Eine ausführlichere Anleitung zum Beispiel für das Erlernen der Astralreise findet sich in: Harry Eilenstein – „Astralreisen für Anfänger".

* * *

Experimente – Teil 8

Die Drachenklaue

A streckt seinen Arm nach vorne hin aus. B stellt sich vor ihn, legt seine Hand auf den Ellenbogen von A und versucht den Arm hinunterzudrücken – was ihm sehr wahrscheinlich nicht gelingen wird.

Nun hebt B seinen rechten Arm in die Höhe, ballt die Hand zu einer Faust, streckt den Zeigefinger nach oben und krümmt ihn wie einen Angelhaken und sagt mit Nachdruck: „Drachenkralle!"

Dann berührt er A leicht an dessen Drittem Auge, also an der Stelle zwischen den Augenbrauen, und drückt noch einmal auf den Arm von A – mit vollkommen anderem Ergebnis als zuvor.

Im Grunde zeigt dieser Versuch dasselbe wie der „Shaolin-Versuch": Wenn man weiß, was man will und davon überzeugt ist, dass man das Ziel erreichen wird, hat man weit mehr Kraft als wenn man ständig an sich selber und an der Erreichbarkeit seines Zieles zweifelt.

Diese beiden Versuche und auch der „Smilie-Versuch" zeigen noch etwas anderes Wichtiges: Wenn man zulässt, dass man von der Meinung und den Absichten der anderen geprägt wird, hat man schon verloren. Wenn ich wie bei dem „Shaolin-Versuch" nur darauf schaue, dass mich die anderen festhalten, bin ich gefangen. Wenn ich mich wie bei dem „Drachenklaue-Versuch" von einer eindrucksvollen Geste fesseln lasse, ordne ich mich dem anderen und seinem Willen unter. Wenn ich mich wie beim „Smilie-Versuch" in eine hoffnungslose Sicht einsperren lasse, gelingt mir nichts mehr. Das ist unbewusste „Alltags-Selbsthypnose".

Der Schutz dagegen und die Heilung davon ist Eigenständigkeit: „Wer bin ich?" und

„Wo will ich hin?" und „Los geht's!".

Mit dieser Haltung schafft man auch Dinge, die unmöglich scheinen – das ist Magie.

Feuerlauf

Man kann diese Einsgerichtetheit auf verschiedene Weisen kennenlernen: durch erfüllenden Sex, durch Angst, durch Schmerz, durch tiefe Meditation usw.

Eine einfache und effektive Methode ist die Teilnahme an einem Feuerlauf. Dort kann man barfuß über glühende Kohlen gehen, die 700°C bis 800°C heiß sind – obwohl bereits bei 300°C jedes Schnitzel anbrennt ... Man kann auch kreativ werden und in der Glut stehenbleiben, sie mit den Händen nehmen und sie in die Luft werfen, sich nackt in die Glut legen, mit Glutstückchen Kirschkernspucken spielen, einige Glut- stückchen aufessen – obwohl das kein kulinarischer Genuss, sondern ziemlich trocken ist.

Wenn man erleben will, dass man Naturgesetze auch mal erfolgreich ignorieren kann, ist der Feuerlauf das geeignetste Experiment.

Das ist alles wirklich möglich – ich habe alles selber ausprobiert, was ich eben auf- gezählt habe.

9. Entwicklung

Der Schütze sieht, was ist, und er sieht sofort auch, wozu es werden können. Er hat stets das Ideal im Blick und strebt danach, alles in diesen Idealzustand zu bringen. Er wird daher unter anderem auch danach schauen, welche Dinge in der heutigen Zeit am wichtigsten sind: Das Beenden der Kriege, das Beenden des Hungers, das Beenden der Klimaerwärmung, das Beenden des Artensterbens und dergleichen mehr.

Wenn der Schütze auch magisch-spirituelle Erfahrungen gesammelt hat, wird er wahrscheinlich auch solche Hilfsmittel wie Meditation und Magie für das Erreichen seiner Ziele einsetzen. Er verändert nicht mehr das Weltbild wie die Waage und er erschafft auch keine neuen und effektiveren Methoden wie der Skorpion, sondern wendet die jeweils effektivsten Methoden auf die drängendsten Ziele an, um einen besseren Zustand zu erreichen.

Der Schütze hat auch das Talent, mitreißende Reden zu halten und andere für die Mitarbeit in seinem Projekt zu begeistern. Dadurch werden die von der Waage entdeckten Möglichkeiten, die von dem Skorpion zu effektiveren Werkzeugen geformt worden sind, nun eingesetzt, um die Welt zu verändern und zu verbessern.

*

Was sagen berühmte Schützen, die sich mit spirituellen Dingen befasst haben?

Sie streben nach dem Besseren.

„Will das Bewusstsein in Unbekanntes vordringen, muss es 'Selbstverständlichkeiten' überwinden."

Thomas Ring, Astrologe, Maler und Dichter (Schütze/Krebs)

„Die Frage ist nicht, ob es ein Leben nach dem Tod gibt. Die Frage ist, ob Du vor dem Tod lebendig bist."

Baghwan (Osho), Guru (Schütze/Zwillinge)

„Auch das lauteste Getöse großer Ideale darf uns nicht verwirren und nicht hindern, den einen leisen Ton zu hören, auf den alles ankommt."

Werner Heisenberg, Physiker (Schütze/Zwillinge)

„Es gibt an dieser Welt nichts zu verbessern, aber sehr viel an sich selbst."

Thorwald Detlefsen, Psychologe, Esoteriker und Autor (Schütze/Steinbock)

„Wir wollen Männer und Frauen des Friedens sein, wir wollen, dass in dieser unserer Gesellschaft, die von Spaltungen und Konflikten durchzogen wird, der Friede ausbreche! Nie wieder Krieg! Nie wieder Krieg!"

Papst Franziskus I (Schütze/Krebs)

„Meditation bedeutet, sich zu erfreuen, einfach still zu sitzen und nichts zu tun, glücklich, sich ohne Ursache zu erfreuen, denn alle Ursachen kommen von außen. Du triffst eine schöne Frau, und du bist glücklich, du triffst einen schönen Mann, und du bist glücklich – aber der Meditierer ist einfach glücklich. Sein Glück hat keine äußere Ursache, sein Glück wallt von innen in ihm auf."

Baghwan (Osho), Guru (Schütze/Zwillinge)

„Der erste Trunk aus dem Becher der Naturwissenschaften macht atheistisch; aber auf dem Grund des Bechers wartet Gott."

Werner Heisenberg, Physiker (Schütze/Zwillinge)

*

Der Schütze ist ein Idealist – er entwickelt das kausal-analoge Weltbild nicht weiter, aber er zeigt, was sowohl mit den kausalen, naturwissenschaftlichen Methoden als auch mit den analogen, spirituellen Methoden getan werden muss.

*

Die erstrebenswerten Ideale muss jeder für sich selber entdecken …

Experimente – Teil 9

Hepp-Versuch

Person A legt sich mit dem Bauch auf die Erde und legt ihre Arme neben ihren Körper oder neben ihren Kopf. Person B legt sich mit ihrem Bauch quer über die Waden von Person A. Beide Personen zusammen sehen nun ungefähr wie ein „T" aus.

Person A versucht nun, Person B mit ihren Beinen hochzuheben – was in aller Regel nicht gelingen wird. Dabei sollte Person A auf ihre Beine achten und sich nicht durch eine verbissene Überanstrengung eine Muskelzerrung zuziehen.

Dann stellt sich Person A vor, dass von ihrem Kopf bis in ihre Füße ein weißer Lichtstrahl fließt, der sich in ihrem Gesäß in zwei Strahlen aufteilt. Dann stellt sich Person A vor, das Person B nur ein kleines Kissen ist, das leicht wie ein Federwölkchen ist. Nun sagt Person A innerlich „Hepp!" und hebt dabei Person B mühelos mit ihren Waden hoch – und Person B wird aller Wahrscheinlichkeit nach mit einigem Schwung über den Rücken von Person A kullern ...

Es gibt etliche Fälle mit vielen Augenzeugen, in denen ein Mensch einen Gegenstand hochgehoben hat, der so schwer ist, das ihm dies normalerweise vollkommen unmöglich gewesen wäre. Ein solcher Fall ist z.B. die Mutter, die einen LKW anhebt, um ihr Kind, das halb unter eines der Räder des LKWs geraten ist, zu befreien.

Ein ähnlicher Fall ist das beliebte Kinderspiel „sich schwer machen". Durch dieses „sich schwer machen" wird es sehr schwierig bis unmöglich, das betreffende Kind hochzuheben. Diese Methode wird gelegentlich auch in der Kampfkunst angewendet. Was die Kinder bzw. die Kämpfer dabei innerlich tun, lässt sich kaum beschreiben – sie wollen schwer sein und sind es dann auch. Diese Technik wird z.B. im Aikido benutzt.

Der „Hepp-Versuch" ist ein einfaches Experiment, bei dem die Körperkraft durch Telekinese deutlich verstärkt wird.

10. Selbsterhaltung

♑

Der Steinbock strebt nach Sicherheit und Beständigkeit. Daher schaut er, was verlässlich ist, wer in einem bestimmten Bereich die größte Autorität ist, was gründlich erprobt und seit langer Zeit bewährt ist … und er schaut sich die Geschichte der Menschheit an, um die Gegenwart zu verstehen.

0. Evolution – ungeborenes Kind

Von der „Ursuppe" bis zu den ersten Menschen vor 1,5 Millionen Jahren war es ein langer Weg.

Diese Entwicklung entspricht dem Heranwachsen eines Kindes im Leib seiner Mutter.

Astrologisch gesehen entspricht diese Phase dem Planeten Erde.

1. Altsteinzeit

In der Altsteinzeit lebten die Menschen als Teil der Natur in der Natur. Die Mutter war das zentrale Bild wie die vielen Mutter-Statuetten aus dieser Zeit zeigen.

Das Baby lebt in fester Symbiose mit seiner Mutter, die das Wichtigste für das Baby ist. Das Baby nimmt alles in den Mund, es grenzt sich nicht ab. Dies wurde von Freund „orale Phase" genannt.

Das Ordnungssystem der Altsteinzeit und der ersten, untersten Schicht der Psyche ist die Assoziation. Aus ihr ergibt sich die „Lebenskraft-Magie", bei der Lebenskraft übertragen wird.

Der Mensch erlebt sich als Teil des Ganzen – als Lebenskraft und mit den Menschen und den Tieren verbunden.

Daraus ergibt sich ein magisches Weltbild.

Astrologisch gesehen entspricht diese Phase dem Mond.

Die Essenz dieses Entwicklungsschrittes ist das „Ja".

- - -

Die schon mehrfach erwähnte „Lebenskraft" ist ein Wahrnehmungsphänomen, das weltweit ausgesprochen einheitlich beschrieben wird:

1. Sehen: ein milchigweißes Licht mit einem leichten Blauschimmer („Nebel", „Rauch")

2. Tastensinn: Vibrieren (6Hz)

3. Wärmewahrnehmung: verschiedene Formen der Hitze (Maximum: das im Körper aufsteigende Kundalini-Feuer)

4. Geruchssinn: warmer, weicher Duft (Vanille, frisch gebackenes Brot)

5. Hören: ein extrem tiefer Baß (wie der tibetische Baßgesang)

6. Geschmackssinn: unbekannt

Das Lebenskraft-Phänomen scheint also weltweit in dieselben Wahrnehmungen des physischen Körpers „übersetzt" zu werden.

2. Jungsteinzeit

In der Jungsteinzeit begannen die Menschen mit dem Ackerbau und der Viehzucht und erschufen dadurch die Insel der Kultur in dem Meer der Natur. Die Kultur-Insel wird durch den Korngott dargestellt – die Natur durch den Wildnisgott, der der Bruder des Korngottes ist. Sie finden sich noch in der Bibel als Kain und Abel.

Das Kleinkind, das zu laufen und zu sprechen gelernt hat, benutzt ausgiebig das Wort „Nein!", um sich gegen das abzugrenzen, was ihm nicht gefällt. Dies wurde von Freund „anale Phase" genannt.

Das Ordnungssystem der Jungsteinzeit und der zweituntersten Schicht der Psyche ist die Analogie. Aus ihr ergeben sich Götter und Mythen als die Urbilder, also die Essenzen der Analogien.

Der Mensch erlebt sich als zwischen zwei Polen stehend und als mit einer bestimmten Gottheit verbunden.

Daraus ergibt sich ein magisch-mythologisches Weltbild.

Astrologisch gesehen entspricht diese Phase dem Merkur und der Venus.

Die Essenz dieses Entwicklungsschrittes ist das „Nein!"

3. Königtum

Im Königtum wurde alles auf ein Zentrum hin ausgerichtet: auf den König und auf den Einen Gott. Alles wird von einer Mitte aus gestaltet.

Das Kind entdeckt das Wort „ich" und erlebt sich als eigenständiges Wesen mit einem eigenen Willen. Dieses „Ich" entspricht dem König. Dies wurde von Freund „phallische Phase" genannt.

Das Ordnungssystem des Königtums und der dritten Schicht der Psyche ist das Prinzip, also das Gesetz, die formale Regel, die in der Vielfalt Ordnung schafft. Aus ihr ergibt sich das Denken in Prinzipien, in dem alles von einer ersten Ursache abgeleitet wird: die Philosophie.

Der Mensch erlebt sich als Einheit und als mit Gott verbunden.

Daraus ergibt sich ein monotheistisch-philosophisches Weltbild.

Astrologisch gesehen entspricht diese Phase der Sonne.

Die Essenz dieses Entwicklungsschrittes ist das „Ich!!!"

4. Materialismus

Im Materialismus wird ganz nach außen auf die Welt geblickt und die Welt analysiert und durch Eroberungen, Technik und Industrie genutzt.

Der Jugendliche schaut nach außen und sucht nach einem Beziehungspartner und nach seiner Stellung in der Welt. Dies wurde von Freund „genitale Phase" genannt.

Das Ordnungssystem des Materialismus und der vierten Schicht der Psyche ist die Analyse. Aus ihr ergibt sich das wissenschaftliche Denken in Prinzipien, das alles von den Eigenschaften der kleinsten Teilchen herleitet.

Der Mensch erlebt sich als Einzelnes in einer Welt, die aus lauter Einzelnem und Einzelnen besteht – also nicht mehr als Subjekt, sondern als Objekt.

Daraus ergibt sich ein materialistisches Weltbild, das ganz auf Zahl und Maß und daher auf der Kausalität aufgebaut ist.

Astrologisch gesehen entspricht diese Phase dem Mars und dem Jupiter.

Die Essenz dieses Entwicklungsschrittes ist das „Du?"

5. Globalisierung

Im Globalisierungs-Zeitalter gibt es keine abgegrenzten Einheiten mehr, da alle Menschen, alle Völker und alle Staaten der Erde aufeinander wirken und weil alles, was an irgendeiner Stelle auf der Erde getan wird, auch Auswirkungen auf alle anderen Stellen der Erde haben kann (Internet, Kriege, Klimaerwärmung usw.)

Der Erwachsene lebt als Teil einer Familie und kann nicht unabhängig von seiner Familie leben und glücklich sein. Dies kann „adulte Phase" genannt werden.

Das Ordnungssystem der Globalisierung und der fünften Schicht der Psyche ist die Wechselwirkung. Aus ihr ergeben sich Abhängigkeiten, Zusammenhänge, Kreisläufe, Grenzwerte und als überlebensnotwendige Handlungsmaxime die Kooperation.

Der Mensch erlebt sich als bewusster und eigenständiger Teil des Ganzen, der das Ganze in Verantwortung trägt und der von dem Ganzen in Vertrauen getragen wird. Hier wird die Auffassung des Menschen als Subjekt der Königtums-Phase mit der Auffassung des Menschen also Objekt der Materialismus-Phase zu der Auffassung des Menschen als Teil des großen Ganzen vereint.

Daraus ergibt sich ein Kontinuums-Weltbild, das in der Kernphysik schon weitgehend ausformuliert worden ist: Alles kann sich in alles andere verwandeln.

Astrologisch gesehen entspricht diese Phase dem Saturn.

Die Essenz dieses Entwicklungsschrittes ist das „Wir."

6. Zukunft I

In der Zukunft I wird ein stabiler Zustand von Bevölkerungsdichte, Rohstoffverbrauch, Energieerzeugung, Wohlstandsverteilung usw. erreicht worden sein. Dieser stabile Zustand kann durch neue Entdeckungen und Entwicklungen immer wieder verändert werden ohne dabei jedoch seine Stabilität zu verlieren.

Der ältere Mensch, dessen Kinder erwachsen geworden sind, kann neue Dinge erlernen und erleben und auch selber lehren. Er hat eine größere Freiheit als in der vorigen Phase erlangt. Dies kann „tutorale Phase" genannt werden.

Das Ordnungssystem der Zukunft I und der sechsten Schicht der Psyche ist die Variation und die Wahlmöglichkeit. Aus ihr ergibt sich eine Vielfalt von Lebensmöglichkeiten.

Der Mensch erlebt sich als deutlich freier und entdeckt neue Lebens-Möglichkeiten.

Daraus ergibt sich ein Weltbild der Entwicklung einer großen Vielfalt.

Astrologisch gesehen entspricht diese Phase dem Uranus und dem Neptun.

Die Essenz dieses Entwicklungsschrittes ist das „Anderes …"

7. Zukunft II

In der Zukunft II werden die Lebens-Möglichkeiten auf der Erde erforscht worden sein und es wird sich daraus eine Verwandlung zu etwas grundsätzlich Neuem ergeben.

Der alte Mensch wird weise und geht allmählich seinem Tod entgegen, der die größte aller Verwandlungen im Leben ist. Dies kann „gerone Phase" genannt werden.

Das Ordnungssystem der Zukunft II und der siebten Schicht der Psyche ist die Hingabe. Aus ihr ergibt sich die Bereitschaft zur grundlegenden Verwandlung.

Der Mensch erlebt sich Wanderer durch das eigene Leben.

Daraus ergibt sich ein Weltbild der ständigen Verwandlungen.

Astrologisch gesehen entspricht diese Phase dem Pluto.

Die Essenz dieses Entwicklungsschrittes ist das „Alles".

- - -

Die Entwicklung sowohl des einzelnen Menschen als auch der Menschheit kann durch sieben Worte beschrieben werden:

„ja" – „Nein!" – „Ich!!!" – „Du?" – „Wir." – „Anderes ... " – „Alles"

Zur Zeit – genauer gesagt seit ca. 1945 – stehen wir am Beginn des Zeitalters der Globalisierung. Die letzten 500 Jahre waren vom Materialismus geprägt, dem in der individuellen Biographie die Pubertät entspricht. Der Übergang von der Pubertät zum Erwachsensein ist eine der schwierigsten Phasen im Leben eines Menschen – und entsprechend groß sind auch die kollektiven Schwierigkeiten der Menschen auf der Erde bei dem Übergang von der pubertären Haltung des Materialismus zu der Erwachsenen-Haltung der Epoche der Globalisierung …

Doch wir stehen nun einmal an dieser Stelle in der Geschichte der Menschheit und müssen schauen, wie wir diesen Übergang ohne größere Schäden bewerkstelligen können.

*

Was sagen berühmte Steinböcke, die sich mit spirituellen Dingen befasst haben?

Sie schauen auf den großen Entwicklungsbogen und betonen die Notwendigkeit der Ernsthaftigkeit, der Beständigkeit und des Gottvertrauens, um etwas Gutes aufbauen zu können.

„Ich habe einen Traum ...“

> Martin Luther King, Priester und Bürgerrechtler (Steinbock/Stier)

„Der Mensch ist wie eine Marionette. Die Fäden seiner Gewohnheiten, Emotionen, Leidenschaften und Sinne lassen ihn nach ihren Wünschen tanzen.“

> Yogananda, Guru und Autor (Steinbock/Löwe)

„Erkennen Sie sich selbst, bevor Sie sich über das Wesen Gottes und der Welt Gedanken machen.“

> Ramana Maharishi, Guru und Autor (Steinbock/Waage)

„Wer nicht an sich selber glaubt, ist ein Atheist.“

> Vivekananda, Guru und Autor (Steinbock/Steinbock)

„Die größte Liebe aber könnt ihr erfahren, wenn ihr euch in der Meditation mit Gott vereint. Die Liebe zwischen Seele und Geist ist die vollkommene Liebe – die Liebe, die ihr alle sucht.“

> Yogananda, Guru und Autor (Steinbock/Löwe)

„Geh doch nicht die mühsame Treppe der Furcht zu Gott herauf. Nimm den bequemen Aufzug der Liebe.“

> Sankt Therese von Lisieux (Steinbock/Waage)

„Sei wie ein Kind – klar, liebend, spontan, unendlich flexibel und in jedem Augenblick bereit sich zu wundern und ein Wunder anzunehmen.“

> Mother Meera, Guru und Autorin (Steinbock/Schütze)

*

Der Steinbock ist ein Realist – er schaut sich die Menschen und die Dinge genau an und prüft, was sie eigentlich sind und was sie wollen. Danach prüft er seine Möglichkeiten und entscheidet dann, auf welchen Weg er seine ganze Kraft und seinen ganzen Fleiß ausrichtet, damit er in seiner langsamen, aber gründlichen Art letztlich Dinge erreichen kann, die anderen unmöglich erscheinen.

*

Eine ausführliche Darstellung dieser hier nur umrisshaft beschriebenen analogen Entwicklung des Einzelnen und der Menschheit – also Geschichte und Biographie – findet sich in: Harry Eilenstein – „Die Sieben Schritte des Lebens".

* * *

Experimente – Teil 10

Die Sushumna

Im Yoga und in der Meditation ist der Lebenskraft-Strahl, der vom Herzchakra in der Mitte der Brust nach oben bis zum Scheitel und nach unten bis zu den Genitalien reicht, ein sehr wichtiges Element. Man kann ihn als das Rückgrat des Lebenskraftkörpers ansehen.

Wenn man einmal aus irgendeinem Grund nervös, verwirrt oder ängstlich sein sollte, kann man in seinem Körper einen milchig-weiß leuchtenden Lichtstrahl visualisieren, der von den Genitalien bis hinauf zum Scheitel reicht – das ist schon alles. Die Wirkung davon ist immer wieder beeindruckend.

Wenn man nicht warten will, bis man mal wieder nervös oder im Stress ist, um die Wirksamkeit dieser Imagination zu testen, kann man auch den folgenden Versuch durchführen: A stößt B gegen die Schulter und schaut, wie B darauf reagiert: Schwankt er, stolpert er, tritt er einen Schritt zurück oder fällt er gar um?

Dann stößt B gegen die Schulter von A und beobachtet dessen Reaktion.

Nun visualisiert B den Lichtstab in seinem Körper und wenn er fertig ist, stößt A wieder B gegen die Schulter und vergleicht die Reaktion mit der ersten Reaktion „ohne Lichtstrahl".

Zum Schluss visualisiert auch A den Lichtstab in sich und B stößt A gegen seine Schulter und schaut nach seiner Reaktion.

Diese Visualisierung lässt sich vielfältig verwenden: als Vorbereitung für einen Sprung, für ein Referat, für eine Balance-Übung, für einen Judo-Wettkampf, für die Forderung nach einer Gehaltserhöhung, für ein schwieriges Gespräch, für einen Bühnen-Auftritt usw.

In der Magie findet sich dieser Lichtstab auch als „Weltenbaum", „Mittlere Säule" und noch unter einigen anderen Namen mehr.

Bindhu

Das Bindhu ist das Gegenstück zu der Kundalini:

> - Die Imagination des Lichtstrahles vom Herzchakra über das Wurzelchakra zu der glühenden „Mitte der Erde" ruft Kraft empor – das ist die Kundalini.

> - Die Imagination des Lichtstrahles vom Herzchakra über das Scheitelchakra oben auf dem Kopf zu dem „Herzen der Sonne" ruft Integration herab – das ist das Bindhu.

Das Bindhu ruft man daher, wenn man traurig oder depressiv ist, wenn man die Orientierung verloren hat, wenn man einen Schock erlebt hat o.ä., also wenn man die Integration der Psyche bzw. ihre Re-Integration benötigt.

Die Kundalini gibt Kraft, das Bindhu gibt Lächeln.

11. Utopie

≈

Der Wassermann sieht, was alles noch nicht so ist, wie es am besten sein sollte, und entwirft daher eine Utopie. Solch eine Utopie geht weiter als das Ideal des Schützen, der einfach zwei oder drei Schritte zu einem besseren Zustand gehen will. Der Wassermann schaut jedoch sehr viel weiter in die Zukunft und entwirft sozusagen die Grundzüge eines „Goldenen Zeitalters". Daher ist der Wassermann immer auch ein wenig ein Revolutionär.

In vielen Fällen enthält diese Utopie Elemente aus vielen verschiedenen Weltanschauungen und Religionen – in den meisten Fällen sind diese Utopien daher auf Toleranz und Weltbürgertum aufgebaut. Es gibt jedoch fast immer auch vollkommen neue Elemente in dieser Utopie, die der Wassermann selber erschaffen hat.

Das, was all diesen Utopien gemeinsam ist, ist der Blick auf das Große Ganze, die Gesamtschau der Welt. Es gibt etliche solche Entwürfe für das ideale Zusammenleben der Menschen. Drei der bekannteren sind die um ca. 420 v.Chr. durch Plato verfasste Atlantis-Schilderung in seinem Werk „Timaios", das Augustinus um 413-426 n.Chr. geschriebene Buch „Der Gottesstaat" und das 1943 veröffentliche Werk „Das Glasperlenspiel" von Hermann Hesse.

Es wäre erfreulich, wenn auch in der heutigen Zeit ein solches Werk erscheinen und bekannt werden würde – doch vermutlich wird die derzeitige Entwicklung eher eine Graswurzel-Revolution werden, an der sehr viele Einzelne an sehr vielen verschiedenen Stellen mitwirken und ihren Anteil beitragen.

Man kann zumindest vermuten, dass dabei einige der „Werkzeuge" aus dem magisch-spirituellen Analogie-Weltbild eine größere Rolle spielen werden. Zu diesen Werkzeugen könnten die Astrologie, der kabbalistische Lebensbaum, das Chakren-System sowie das Ba Gua aus dem chinesischen Feng Shui und das indische Vastu Purusha gehören, die alle komplexe Analogie-Systeme sind.

In dieser Utopie werden Bewusstsein und Materie recht sicher die beiden gleichberechtigten Seiten der einen Realität sein – die Innenseite und die Außenseite der Welt. Durch diesen Zusammenhang kann sowohl die Materie das Bewusstsein prägen als auch das Bewusstsein die Materie lenken.

Wenn der Wassermann auch magisch-spirituelle Erfahrungen gesammelt hat, wird er wahrscheinlich auch solche Hilfsmittel wie Meditation, Magie und das Erschaffen von kollektiven Bildern für das Erreichen seiner Ziele einsetzen. Die bekannteste Beobachtung zu diesem Vorgehen ist der berühmte „100. Affe": Wenn genügend Affen (oder eben auch Menschen) etwas gelernt und angewendet haben, wird das Wissen bzw. das Bild dieses neuen Verhaltens so stark, dass es sich (telepathisch) auch auf Affen bzw. Menschen überträgt, die keinerlei Kontakt mit den Erfindern dieser Neuerung hatten.

*

Was sagen berühmte Wassermänner, die sich mit spirituellen Dingen befasst haben?

Sie beschwören die Verwirklichung ihrer Utopie herauf.

> *„Wir müssen uns davor hüten, in den fürchterlich weit verbreiteten Irrtum zu verfallen, dass das, was wir sehen, alles ist, was es da zu sehen gibt."*
>
> Charles Leadbeater, Priester und Theosoph (Wassermann/Stier)

> *„Der Mystiker und der Wissenschaftler kommen zu denselben Schlussfolgerungen – der eine beginnt bei dem inneren Reich, der andere in der äußeren Welt. Die Übereinstimmung ihrer Ansichten bestätigt die alte indische Weisheit, dass Brahman, der die letztendliche äußere Realität ist, mit dem Atman, das die letztendliche innere Realität ist, identisch ist."*
>
> Fritjof Capra, Physiker, Philosoph und Ökologe (Wassermann/Stier)

> *„Ich schaue in mich selbst. Ich sehe die Welt draußen kaum. Meine Augen blicken nach innen. Es ist mir egal, was die Menschen tun oder sagen – ich jedenfalls suche die wahren Dinge."*
>
> Bob Marley, Musiker (Wassermann/Schütze)

> *„Versuche die Einheit von allem zu verstehen – es gibt einen Gott und alle sind eins in ihm."*
>
> Charles Leadbeater, Priester und Theosoph (Wassermann/Stier)

„Die Befreiung ist nichts, was Du erschaffen musst – die Befreiung ist in Dir."

Situ Rinpoche, tibetischer Lama (Wassermann/Jungfrau)

„Die Größe eines Menschen hängt nicht davon ab, wie viel Reichtum er erlangt, sondern von seiner Fähigkeit, andere in seinem Umfeld positiv zu beeinflussen."

Bob Marley, Musiker (Wassermann/Schütze)

„Soviele Seelen, soviele Pfade zu Gott."

Ramakrishna, Mystiker und Guru (Wassermann/Wassermann)

*

Der Wassermann ist ein „verrückter Professor" – er erforscht die Welt, sucht nach der Weltformel, entwirft eine Utopie und versucht andere dafür zu begeistern, diese Utopie zu verwirklichen. Und er ist ein Theoretiker …

Doch gegen Theorien ist ja nichts einzuwenden – wie mein Freund Jörg Wichmann einst gesagt hat: „Nichts ist praktischer als eine gute Theorie."

*

Eine ausführliche Skizze der derzeit notwendigen Utopie findet sich in dem bereits angeführten Buch: Harry Eilenstein – „Die sieben Schritte des Lebens".

* * *

Experimente – Teil 11

Familienaufstellung

Bei einer Familienaufstellung hat ein Teilnehmer ein Problem, bei dessen Lösung er Hilfe braucht. Der Leiter schaut, welche Personen an dem Problem beteiligt sind, und bittet dann verschiedene Teilnehmer, diese Personen darzustellen. Das können z.B. die Mutter, die Schwester und der Großvater des Ratsuchenden sein. Diese Teilnehmer stellen sich dann z.B. auf einen großen Teppich, der sozusagen die Bühne für die Familienaufstellung ist.

Sobald die Teilnehmer auf dieser Bühne sind, verhalten sie sich wie die Personen, die sie darstellen, obwohl sie nichts über diese Personen wissen. So verhält sich z.B. der Mann, der den Großvater des Ratsuchenden darstellt, auf einmal völlig cholerisch und hinkt auf dem linken Bein – so wie der reale Großvater, von dem der Teilnehmer diese Eigenschaften jedoch noch nicht gewusst hat.

Das Gefühl, dass man dabei hat, lässt sich durch Worte nicht vermitteln – das muss man selber erleben.

12. Bewusstsein

♓

Die Fische haben keine feste Grenze zur Welt – sie erleben sich als einen Teil der Welt. Daher sind sie es, die die magisch-spirituellen Erkenntnisse und Möglichkeiten in den Alltag tragen und dadurch ihr eigenes Leben und das der andren auf meist recht unscheinbare, unauffällige und bescheidene Weise verbessern. Für sie sind Toleranz und Freude an der Vielfalt in der Welt eine natürliche Selbstverständlichkeit.

Die Fische sind die, die letztlich alle neuen Entdeckungen erden und zu einem selbstverständlichen, normalen Bestandteil der Welt und des Lebens machen.

Für die Fische sind auch solche Entdeckungen wie der Teilchenzerfall in der Physik, der keinen festen kausalen Regeln folgt, sondern nur eine statistische Wahrscheinlichkeit hat, nichts, was sie in ihrem Weltbild stört. Ihr Weltbild ist eher ein fließendes Spüren als klare Regeln. Sie können diese „statistische Kausalität", die beim Teilchenzerfall sichtbar wird, gut mit ihrer Sicht auf die Dinge vereinen – schließlich sehen sie die Welt als ein Kontinuum an.

Wenn man nun die Welt im ganz Kleinen betrachtet, sieht man nur noch Bruchstücke der eigentlichen Vorgänge – die im einzelnen Zerfall nicht festgelegte Zerfallsart eines Teilchens erscheint nur deshalb als unberechenbar und nur durch eine Zufalls-Wahrscheinlichkeit definiert, weil man nicht weiß, welche Ecke eines Vorganges man sieht, der eigentlich in einem größeren Rahmen betrachtet werden müsste.

*

Was sagen berühmte Fische, die sich mit spirituellen Dingen befasst haben?

Sie sprechen über sich als Teil der Welt und über Lebensweisheit.

„Der Mensch erfand die Atombombe, doch keine Maus der Welt würde eine Mausefalle konstruieren."

Albert Einstein, Physiker (Fisch/Krebs)

„Der Horizont vieler Menschen ist wie ein Kreis mit Radius Null. Und das nennen sie dann ihren Standpunkt."

Albert Einstein, Physiker (Fisch/Krebs)

„Zwei Dinge sind unendlich, das Universum und die menschliche Dummheit, aber bei dem Universum bin ich mir noch nicht ganz sicher."

Albert Einstein, Physiker (Fisch/Krebs)

„Der Weg zur 'Weisheit' oder zur 'Freiheit' ist der Weg zu Deinem inneren Wesen. Dies ist die einfachste Definition der Metaphysik."

Mircea Eliade, Religionswissenschaftler (Fische/Wassermann)

„Ein Freund ist ein Mensch, der die Melodie Deines Herzens kennt und sie Dir vorspielt, wenn Du sie vergessen hast."

Albert Einstein, Physiker (Fisch/Krebs)

„Das Schönste, was wir erleben können, ist das Geheimnisvolle."

Albert Einstein, Physiker (Fisch/Krebs)

„Versuch zu erkennen, dass es alles in Dir ist – niemand anders kann Dich dazu bringen, Dich zu verändern."

George Harrison, Gitarrist der Beatles (Fische/Waage)

*

Der Fisch ist ein Menschenfreund – er ist ein Träumer und ein Tagträumer, der spüren kann, woher der Wind weht und wie er daher am besten das Segel seines Schiffes ausrichten sollte. Daher braucht der Fisch im Grunde keine Welterklärung – er kann die Welt und die Möglichkeiten in ihr spüren.

*

An dieser Stelle sollte man nicht noch mehr lesen, sondern eher etwas erleben – sich das eigene Horoskop deuten lassen, sich die Tarotkarten legen, an einer Schwitzhütte teilnehmen oder irgendetwas anderes in dieser Art. Das wird die Realität der magisch-spirituellen Analogie-Ordnung in der Welt deutlicher machen als noch ein weiteres Buch …

* * *

Experimente – Teil 12

Die Silberschnur

Wenn man einen Wunsch hat, kann man von seinem Sonnengeflecht aus (kurz unter dem Brustbein) ein Dutzend milchig-weiß leuchtende Lebenskraft-Lichtschnüre ("Silberschnüre") zu den erwünschten Dingen in der Welt aussenden.

Dieses schon erwähnte Verfahren kann man auf einen Beziehungswunsch, auf ein vergriffenes Buch, auf einen Arbeitsplatz, auf eine Wohnung, auf einen Lehrer und auf alles mögliche andere anwenden.

Anschließend an diese Wunsch-Aussendung wird dann "Genosse Zufall" dafür sorgen, dass man das Gewünschte erhält.

Oft tritt die Wunscherfüllung schon nach einer halben Stunde ein oder zumindestens der erste Schritt für diese Wunscherfüllung.

So habe ich mir mit 25 Jahren einmal das Buch "Ossian" von MacPherson gewünscht, das so teuer war, dass ich es mir nicht leisten konnte. Da kam mein Schwager zu mir, der vor der Godesberger Post zwei Eintrittskarten für ein Konzert von Leonard Bernstein in Bonn gefunden hatte. Er hat sie mir gegeben, weil er mit Klassik nichts anfangen kann. Da habe ich dann ein bisschen Detektiv gespielt und herausgefunden, wem diese Karten gehören. Als ich es wusste, bin ich dann zu der Adresse gegangen – die Karten gehörten einer alten Frau. Sie wollte mir unbedingt etwas für diese Karten geben. Als ich dann gesagt habe, dass ich mir gerade eigentlich nur das Buch "Ossian" wünsche, griff sie in ihr Bücherregal und hat den "Ossian" herausgeholt und ihn mir geschenkt.

So macht das "Genosse Zufall" mit der Wunscherfüllung …

Bücher von Harry Eilenstein

Magie für Anfänger
- Telepathie für Anfänger (60 S.)
- Telepathie für Fortgeschrittene (52 S.)
- Telekinese für Anfänger (52 S.)
- Analogien für Anfänger (56 S.)
- Omen und Orakel für Anfänger (52 S.)
- Lebenskraft für Anfänger (60 S.)
- Meditation für Anfänger (56 S.)
- Kundalini für Anfänger (100 S.)
- Hypnose für Anfänger (56 S.)
- Kampfmagie für Anfänger (172 S.)
- Auto-Movement für Anfänger (56 S.)
- Chakra-Magie für Anfänger (148 S.)
- Astralreisen für Anfänger (56 S.)
- Astrologie für Anfänger (120 S.)
- Astrologische Quadrate für Fortgeschrittene (72 S.)
- Partnerhoroskope für Anfänger (100 S.)
- Silberschnüre für Anfänger (52 S.)
- Zaubersprüche für Anfänger (60 S.)
- Ritual-Magie für Anfänger (56 S.)
- Mandalas für Anfänger (68 S.)
- Geldzauber für Anfänger (56 S.)
- Liebeszauber für Anfänger (52 S.)
- Invokationen für Anfänger (52 S.)
- Evokationen für Anfänger (60 S.)
- Geister für Anfänger (52 S.)
- Elfen für Anfänger (56 S.)
- Magie-Forschung für Anfänger (140 S.)
- Magie-Romantik für Anfänger (60 S.)
- Selbsterkenntnis für Anfänger (52 S.)
- Einweihungen für Anfänger (60 S.)
- Drogen-Kabbala für Anfänger (216 S.)
- Zahlensymbolik für Anfänger (60 S.)
- Die Sprache des Mondes – für Anfänger (116 S.)
- Zaubergesänge für Anfänger (100 S.)
- Zukunftschau für Anfänger (60 S.)
- Schamanismus für Anfänger (52 S.)
- Schwitzhütten für Anfänger (52 S.)
- Magische Gegenstände für Anfänger (68 S.)
- Übertragungen für Anfänger (68 S.)
- Zaubertränke für Anfänger (64 S.)
- Magie-Gesten für Anfänger (252 S.)
- Da'ath-Magie für Anfänger (64 S.)
- Magie-Heilungen für Anfänger (68 S.)
- Kornkreise für Anfänger (348 S.)
- Feng Shui für Anfänger (96 S.)
- Tao für Anfänger (112 S.)
- Magie für Anfänger – Sammelband   I (696 S.)
- Magie für Anfänger – Sammelband II (664 S.)
- Magie für Anfänger – Sammelband III (580 S.)
- Magie für Anfänger – Sammelband IV (700 S.)
- Magie für Anfänger – Sammelband V (676 S.)
- Magie für Anfänger – Sammelband VI (640 S.)

Magie
- Handbuch für Zauberlehrlinge (408 S.)
- Wie man das Pentagramm-Ritual zum Leben erweckt (308 S.)
- Tarot (104 S.)
- Physik und Magie (184 S.)
- Die Synthese von Physik und Magie (200S.)
- Die Magie-Formel (156 S.)
- Schwarze Löcher in der Magie (56 S.)
- Krafttiere – Tiergöttinnen – Tiertänze (112 S.)
- Schwitzhütten (524 S.)
- Mythen und Magie der Harfe (116 S.)
- Drei Adeptus Major Rituale (192 S.)
- Drei Adeptus Exemptus Rituale (120 S.)
- Zwei Infans Abyssi Rituale (128 S.)

Traumreisen
- Traumreisen zu Heilpflanzen (700 S.)
- Traumreisen zum kabbalistischen Lebensbaum (132 S.)

Meditation
- Der Lebenskraftkörper (230 S.)
- Die Chakren (100 S.)
- Das Chakren-System mit den Nebenchakren (296 S.)
- Organe und Chakren (64 S.)
- Die platonischen Körper in den Chakren (156 S.)
- Meditation (140 S.)
- Drachenfeuer (124 S.)
- Kundalini I (676 S.)
- Kundalini II (672 S.)
- Reinkarnation (156 S.)
- einsgerichtet (140 S.)

Astrologie
- Astrologie (496 S.)
- Photo-Astrologie (428 S.)
- Die astrologischen Aspekte (88 S.)
- Horoskop und Seele (120 S.)

Kabbala
- Kursus der praktischen Kabbala (150 S.)
- Eltern der Erde (450 S.)
- Blüten des Lebensbaumes:
    1. Die Struktur des kabbalistischen Lebensbaumes (370 S.)
    2. Der kabbalistische Lebensbaum als Forschungshilfsmittel (580 S.)
    3. Der kabbalistische Lebensbaum als spirituelle Landkarte (520 S.)
- Logik und Wirkung der Analogie (700 S.)

Eilenstein, Frater V.D., Knecht, Büdenbender
- Magie heute – Berichte aus der Praxis (288 S.)

Büdenbender, Eilenstein
- Chaos, Alk und Magic (436 S.)

Germanen

Religion allgemein
- Die sieben Schritte des Lebens (428 S.)
- Muttergöttin und Schamanen (168 S.)
- Totempfähle (440 S.)
- Der Urriese (168 S.)

Jungsteinzeit
- Göbekli Tepe (472 S.)
- Die Göttin von Göbekli Tepe (144 S.)
- Die Rituale von Göbekli Tepe (112 S.)

Ägypten
- Hathor und Re 1: Götter und Mythen im im Alten Ägypten (432 S.)
- Hathor und Re 2: Die altägyptische Religion – Ursprünge, Kult und Magie (396 S.)
- Isis (508 S.)
- Ma'at (200 S.)

Indogermanen
- Die Entwicklung der indogermanischen Religionen (700 S.)
- Wurzeln und Zweige der indogermanischen Religion (224 S.)

Christentum
- Christus (60 S.)
- Die Biographie des Teufels (144 S.)
- Die Magie der Propheten Elias und Elisa (96 S.)

Psychologie
- Über die Freude (100 S.)
- Das Geheimnis des inneren Friedens (252 S.)
- Das Beziehungsmandala (52 S.)
- Gefühle und ihre Verwandlungen (404 S.)
- einsgerichtet (140 S.)
- Liebe und Eigenständigkeit (216 S.)
- Von innerer Fülle zu äußerem Gedeihen (52 S.)
- Kreative Hochzeits-Rituale (56 S.)

Heilung
- Die Symbolik der Krankheiten (76 S.)

Kunst
- Herz des Tanzes – Tanz des Herzens (160 S.)
- Die Wurzeln der Kunst (60 S.)
- Wege zur Musik-Improvisation (32 S.)

Drama
- König Athelstan (104 S.)

Roman
- Maran der Schamane (548 S.)
- Maran der Zauberlehrling (676 S.)
- Maran der Harfner (700 S.)
- Maran der Krieger (700 S.)
- Maran der Magier (900 S.)
- Maran der Weise (900 S.)

Entwürfe für die Zukunft
1. Die 12 Stile des Tierkreises (164 S.)
2. Die 12 Gedanken zur Energie (108 S.)
3. Die 12 Phänomene der Schwingungen (60 S.)
4. Die 12 Qualitäten des Wassers (92 S.)
5. Die 12 Fundamente des Wohnens (96 S.)
6. Die 12 Grundprinzipien einer umfassenden Gesundheit (32 S.)
7. Die 12 Zonen des menschlichen Körpers (80 S.)
8. Die 12 Zutaten der Ernährung (60 S.)
9. Die 12 Flüge der Bienen (148 S.)
10. Die 12 Sichtweisen auf Genußmittel und Drogen (96 S.)
11. Die 12 Möglichkeiten der ganzheitlichen Medizin (92 S.)
12. Die 12 Ansichten über das Impfen (36 S.)
13. Die 12 Leitlinien der Erziehung (44 S.)
14. Die 12 Richtungen des Denkens (84 S.)
15. Die 12 Arten des Lernens (56 S.)
16. Die 12 Seiten einer umfassenden Bildung (36 S.)
17. Die 12 Ansätze zu effektivem Handeln (76 S.)
18. Die 12 Konzepte der Arbeit (48 S.)
19. Die 12 Arten der neuen Technologien (36 S.)
20. Die 12 Betrachtungsweisen der künstlichen Intelligenz (48 S.)
21. Die 12 Eigenheiten des Geldes (40 S.)
22. Die 12 Funktionen der Steuern (56 S.)
23. Die 12 Betrachtungsweisen der Sozialberufe (60 S.)
24. Die 12 Strategien der Macht (64 S.)
25. Die 12 Anforderungen an ein neues Wertesystem (48 S.)
26. Die 12 Bausteine einer neuen Gesellschaftsform (52 S.)
27. Die 12 Tore zur Sophiakratie (80 S.)
28. Die 12 Pfade zum Frieden (48 S.)
29. Die 12 Säulen des Naturrechts (56 S.)
30. Die 12 Grundlagen der Beziehungen (52 S.)
31. Die 12 Spielfelder des Fußballs (108 S.)
32. Die 12 Wege der Kunst (60 S.)
33. Die 12 Wurzeln eines erfüllten Lebens (44 S.)
34. Die 12 Bereiche des Bewußtseins (56 S.)
35. Die 12 Tempel der Religionen (84 S.)
36. Die 12 Aspekte eines einheitlichen spirituell-physikalischen Weltbildes (72 S.)
37. Die 12 Dynamiken der Verwandlung (44 S.)
- Sammelband 1 „Natur" (492 S.)
- Sammelband 2 „Gesundheit" (512 S.)
- Sammelband 3 „Bildung" (524 S.)
- Sammelband 4 „Gesellschaft" (416 S.)
- Sammelband 5 „Psyche" (380 S.)

Englische Buch-Ausgaben

die „Anfänger"-Reihe
- The Synthesis of Physics and Magic (192 p.)
- Telepathy for Beginners (60 p.)
- Telepathy for Advanced Learners (52 p.)
- Telekinesis for Beginners (56 p.)
- Life Force for Beginners (76 p.)
- Kundalini for Beginners (104 p.)
- Astral Projection for Beginners (60 p.)
- Meditation for Beginners (60 p.)
- Prophecy for Beginners (60 p.)
- Ritual Magic for Beginners (64 p.)
- Magic Chant for Beginners (108 p.)
- Invocations for Beginners (52 p.)
- Evocations for Beginners (62 p.)
- Auto-Movement for Beginners (60 p.)
- Elves for Beginners (56 p.)
- Hypnosis for Beginners (56 p.)
- Love Magic for Beginners (52 p.)
- Money Magic for Beginners (60 p.)
- Magic Objects for Beginners (64 p.)
- Shamanism for Beginners (52 p.)
- Chakra-Magic for Beginners (148 p.)
- Language of the Moon – for Beginners (128 p.)
- Self Knowledge for Beginners (60 p.)
- Da'ath-Magic for Beginners (64 p.)
- Astrology for Beginners (112 p.)
- Number Symbolism for Beginners (64 p.)
- Mandalas for Beginners (76 p.)
- Crop Circles for Beginners (344 p.)
- Feng Shui for Beginners (96 p.)
- Magic Research for Beginners (140 p.)
- Magic for Beginners – Anthology I (636 p.)
- Magic for Beginners – Anthology II (616 p.)
- Magic for Beginners – Anthology III (684 p.)
- Magic for Beginners – Anthology IV (580 p.)

Eilenstein, Frater V.D., Knecht, Büdenbender
- Living Magic (261 S.) (= „Magie heute")

sonstige englische Ausgaben
- The Biography of the Devil (140 S.)
- The Synthesis of Physics and Magic (192 S.)
- The Chakra-System with the Minor Chakras (304 S.)